W0072736

Georg Magirius
Schritt für Schritt zum Horizont

Georg Magirius

Schritt für Schritt zum Horizont

Pilger-Werkbuch

HERDER

FREIBURG · BASEL · WIEN

Die Bibeltexte folgen der Ausgabe:
Die Bibel. Die Heilige Schrift
des Alten und Neuen Bundes.
Vollständige deutsche Ausgabe
© *Verlag Herder, Freiburg im Breisgau 2005*

DIE BIBEL

© Verlag Herder GmbH, Freiburg im Breisgau 2015
Alle Rechte vorbehalten
www.herder.de

Umschlaggestaltung: excogito, Freiburg im Breisgau
Umschlagmotiv: © Gerhard Reus – Fotolia.com
Vignetten im Innenteil: © Soulsisz, Fotolia.com

Satz: SatzWeise GmbH, Trier
Herstellung: CPI Moravia Books, Pohorelice

Printed in the Czech Republic

ISBN 978-3-451-31311-0

Inhalt

Vorwort

Das schönste Leben wird in Räumen irgendwann einmal zu eng. Die Klimaanlagen erfrischen nicht mehr. Und das Sitzen kann doch nicht die einzige Lebenshaltung sein. Also raus und los! Wer pilgert, braucht kaum mehr als diesen Urimpuls. Und das Abenteuer der Einfachheit beginnt. Höher, weiter, schneller? Nein, sondern langsam, zu Fuß, doch Schritt für Schritt geht man in eine Sicherheit der anderen Art hinein. Der Pilger spürt Wind, Sonne und Regen – direkt auf der Haut. Man ist unter freiem Himmel unterwegs, wo sich Lebensfragen und spirituelle Sehnsucht oft intensiver regen als sonst.

Dieses Buch geht dieser Sehnsucht nach. Es bietet Impulse für Gruppen, Einzelgänger und all jene, die eine Pilgertour anleiten: Gebete, Segenstexte, Pilgerlieder, Meditationen, passende Bibeltexte, Informationen und Hintergründe. Minutiös getaktete Ablaufpläne wird man allerdings nicht finden. Denn das Buch schreibt nichts vor. Das Pilgern wird von vielen als Befreiung aus einem bis an den Rand gefüllten Alltag erfahren. Dieser Freiheit soll nicht gleich wieder der Sauerstoff entzogen werden. Die Texte helfen, regen an, greifen unter die Arme. Sie lassen sich einzeln verwenden oder auch kombinieren. Gerade wer noch nie gepilgert ist, darf sich mitgenommen fühlen. Der erste Schritt ist nicht schwer! Denn so gut wie jeder Weg kann einen spirituellen Charakter gewinnen, habe ich erfahren. Ein beim Blättern gefundener Gedanke kann dem nächsten Spaziergang ein meditatives Gepräge geben. Und auf langen Pilgertouren wird sich der Reichtum großer

Pilger- und Glaubenserfahrungen entfalten, den dieses Buch bezeugt.

Das Material ist nach Themen geordnet, die einem auf dem Lebensweg begegnen: Aufbruch, Gehen, Quelle, Ziel, Weite, Stille, Erschöpfung, Rast. Die Kapitel mit den Themen Gipfel, Schlucht, Quelle oder Ruine ermöglichen es überdies, solche Orte konkret zum Ziel einer Pilgertour zu machen. Wer Inspirierendes findet, ziehe damit einfach los. Und wer unterwegs liest, wird die Gesellschaft derer bemerken, die sich vor ihm auf den Weg begeben haben. Wohin? Immer weiter, das Glück der Gegenwart an der Hand und eine Geborgenheit vor Augen, die Gott denen versprochen hat, die ihren festen Standpunkt verlassen.

Georg Magirius

Jedes Kapitel beginnt mit einem Gebet, dann helfen Symbole, sich zurechtzufinden:

= Lied

= Bibeltext

= Impuls

= Information

= Meditation

= Segen

1
Aufbruch

Gott
des Himmels,
gib mir Luft
und großen Atem.
Weite dich
in mir.
Erhebe dich
und lass alle die,
die Flügel spüren,
hinaus ins Freie
zu dir.

Wem Gott will rechte Gunst erweisen

1. Wem Gott will rech - te Gunst er - wei - sen,
den schickt er in die wei - te Welt,
dem_ will er sei - ne Wun - der wei - sen
in Berg und Tal und Strom und Feld.

2. Die Trägen die zu Hause liegen,
erquicket nicht das Morgenrot,
sie wissen nur von Kinderwiegen,
von Sorgen, Last und Not um Brot.

3. Die Bächlein von den Bergen springen,
die Lerchen schwirren hoch vor Lust;
was sollt ich nicht mit ihnen singen
aus voller Kehl und frischer Brust?

4. Den lieben Gott lass ich nur walten,
   der Bächlein, Lerchen, Wald und Feld
   und Erd und Himmel will erhalten,
   hat auch mein Sach aufs Best bestellt.

T: Joseph von Eichendorff 1822; M: Friedrich Theodor Fröhlich, 1833

Wie ein Vogel

[Ein Wallfahrtslied, von David.]
Wäre mit uns nicht gewesen der Herr, |
so mag Israel sagen,
wäre mit uns nicht gewesen der Herr, |
da sich Menschen gegen uns stellten:
sie hätten uns lebendig verschlungen, |
als entbrannte gegen uns ihre Wut.
Es hätten uns verschlungen die Wasser, |
über uns wäre geflutet der Wildbach, |
überflutet hätten uns die brausenden Wasser.
Der Herr sei gepriesen, |
er gab uns nicht ihren Zähnen zur Beute.
Unsere Seele ist entkommen wie ein Vogel aus der Schlinge
des Jägers. |

Zerrissen die Schlinge und wir sind frei.
Unsere Hilfe ist im Namen des Herrn, /
der geschaffen hat Himmel und Erde.

Psalm 124

Uhr ausziehen

Die Freude und der Mut am Aufbruch lässt sich in eine symbolische Tat legen: Mobiltelefon abschalten, Armbanduhr abnehmen, in die Hosentasche oder in den Rucksack verstauen. Dann den ersten Schritt zelebrieren, ihn bewusst setzen und genießen.

Von Umzügen und Auswanderern

Losziehen, Starten, Aufbrechen – das ist nicht nur zu Fuß möglich. Jedes Jahr ziehen in Deutschland etwa 8,5 Millionen Menschen um, fast zehn Prozent aller Haushalte. Weit über zwei Drittel davon organisieren den Umzug selbst. Die pro Jahr zurückgelegten Wege entsprechen dabei mehr als 11.000 Erdumrundungen. Als häufigster Anlass wird das

Zusammenziehen mit dem Partner genannt, wichtig sind auch berufliche Gründe.

Auch eine gravierende Veränderung im Arbeitsleben kann zu einem Start führen. So wechseln mehr als drei Prozent der Beschäftigten pro Jahr das Berufsfeld, heißt es laut einer Studie des Instituts für Arbeitsmarkt- und Berufsforschung. Freiwillige Wechsel kommen etwas häufiger vor als unfreiwillige Wechsel. Anlass für solch einen Neuanfang sind meist Kündigungen, Versetzungen oder Beförderungen. In Großbritannien gebe es dreimal mehr Berufswechsel als in Deutschland. Das liege nach Angaben der Studie daran, dass es in Deutschland anders als in Großbritannien eine starke Orientierung an Berufszertifikaten gebe und ein beruflicher Aufbruch weniger leicht zu bewerkstelligen sei.

Das mag für einige auch der Grund sein, aus Deutschland auszuwandern. In den zurückliegenden Jahren zogen schon mal mehr als 100.000 Menschen pro Jahr jenseits der Landesgrenze. Wanderbewegungen allerdings gibt es schon immer, nicht nur zur Zeit der Völkerwanderungen oder in dem von Vertreibungs- und Vernichtungsexzessen durchzogenen 20. Jahrhundert. Mit einer Wanderung beginnt die Bibel. In den Mythos vom Paradies ist das Aufbrechen eingeschrieben. Adam und Eva, stellvertretend für die Menschheit, ziehen los. Wohin? In eine Gegend, die bedeutend alltäglicher wirkt als der Garten Eden, in der das Leben ohne Mühsal war. Bis heute streiten die Interpreten, ob es sich bei diesem Lospilgern um eine angeordnete oder freiwillige, da der Neugier geschuldete Wanderbewegung handelt.

In der frühen Neuzeit geschahen große Aufbrüche meist unfreiwillig. Da sind etwa die Umsiedlungen von Indianerstämmen, die protestantischen Glaubensflüchtlinge oder die Vertreibung der Juden aus Spanien. Im 19. Jahrhundert wurden viele infolge drückender Lebens- und Arbeitsverhältnisse dazu veranlasst, ihrer Heimat den Rücken zu kehren. Zwischen 1815 und 1848 verließen etwa 600.000 Menschen das Gebiet des späteren Deutschen Reiches. Rund 90 Prozent von ihnen versuchten in den USA ihr Glück. Besonders hoch war die Auswanderungswelle in den späten 1840er-Jahren, als die sozialen Missstände sich zuspitzten. Es waren meist Kleinbauern, Handwerker und Tagelöhner – viele von ihnen mit Familie. Einen Anreiz bildeten auch Nachrichten von Goldfunden, die den sogenannten kalifornischen Goldrausch auslösten.

Der erste Schritt

Der erste Schritt lässt sich nicht trainieren. Natürlich kann man sich aufs Pilgern vorbereiten. So muss man nicht mit dem Auto zum Supermarkt fahren, sondern kann ihn zu Fuß erreichen. Auch lassen sich Bücher und Karten studieren. Und am Vorabend des Starts informiert die Wettervorhersage.

Doch der erste Schritt ist eine Premiere, selbst wenn man den Weg schon mal gegangen ist. Denn er verändert sein Gesicht oft stündlich, revolutioniert sich von Jahreszeit zu Jahreszeit. Wie man auch selbst als Wiedergänger nicht derselbe ist. Denn auf seinem Lebensweg ist man unterdessen weitergezogen.

Der erste Schritt – ihn also gab es noch nie zuvor. Ein Fest! Eine Grenze wird passiert. Man tritt von der einen in die andere Welt. Zurückgelassen wird ein Land, das häufig aus routinierten Abläufen besteht. Nun wartet eine Gegend, in der das Unbekannte lockt. Ich habe nichts dabei außer dem, was ich mit mir tragen kann und will. Ich breche dorthin auf, wo es noch keine Forderungen gibt. Frei bin ich, weil ich zum Dirigent meiner Bewegungen werde: Niemand anderes als ich bin es, der den ersten Schritt genau in diesem Augenblick setzt: jetzt.

Das Unbekannte macht freilich auch nervös, es provoziert Fragen: Ist das Regenzeug dabei? Habe ich genug gefrühstückt? Konnte ich überhaupt frühstücken? Sind die ersten Stunden des ersten Tages bereits vertrödelt? Bin ich zu schnell? Oder zu langsam? Werde ich mich verlaufen? Habe ich genug zu trinken dabei, werde ich Wasser finden? Keine Sorge! Das Fragen ist normal. Nach und nach treten die Sorgen in den Hintergrund. Denn was sonst ungeheuer mächtig ist, wird auf einmal klein. Und die Ruhe wird an der Seite des Pilgers gehen. So will der erste Schritt gefeiert sein. Er ist wie der Gong, der das Ende eines langen Schultages verkündet. Er gleicht dem Ferienbeginn, ist wie der erste Schluck Kaffee oder Tee, auf den man lange gewartet hat. Er fühlt sich an wie die frische Zeitung, die man aufschlägt, ungelesen, glatt, verheißungsvoll: alles neu! Die erste Tür vom Adventskalender. Er ist das weiße, unbemalte Papier. Der Anfang eines Pilgerweges ist wie der erste Ton eines fantastischen Konzertes. Und ich? Ich höre nicht nur zu, ich spiele mit.

Trotzdem lässt sich die Unsicherheit nicht immer einfach so vertreiben. Bin ich dann verkehrt, bloß ein Pilger-Amateur? Nein, denn der wahre Pilger ist von jeher

Amateur. Ein Profi-Pilger wäre jemand, der nichts erwartet, sondern alles weiß. Er ängstigt sich nicht, kennt keine Fremdheitsgefühle, sondern ist immer heimisch. Pilger – das bedeutet: Fremdling. Wer beim Gehen also niemals Sorgen kennt, ist das Gegenteil eines Pilgers. Er ist kein Suchender, sondern ein selbstgewisser Sitzenbleiber – selbst wenn er ständig auf Achse ist. Er hat keine Sehnsucht. Wer dagegen mit Fragen losgeht, lässt sich von der Neugier leiten. Nichts wird man entdecken ohne den Mut zur Offenheit, die im ersten Schritt gründet. So gehört die Unsicherheit zum Fest des ersten Augenblicks dazu.

Denn ein Aufbruch ist immer auch ein Bruch. Und ein Bruch ist selten glatt. Im Alten bleiben und zugleich das Neue wagen, das ist nicht möglich. So erfrischt der erste Schritt und ist manchmal auch beklemmend neu. Man lässt andere zurück und auch etwas von sich selbst. Gute Wünsche begleiten mich. Oft geht man mit anderen, die man kennt, zu kennen meint, vielleicht aber auch noch überhaupt nicht kennt. Und man wird dem anderen und auch sich als jemandem begegnen, den man bislang so noch gar nicht kannte. Man bricht mit dem, was vorher war, und sei es nur für einen Tag. So wagt man sich in einen Anfang, der den Zauber hat, das Ende nicht zu kennen. Man fängt an. Ich bin ein Anfänger, auf erfrischende Weise ungeübt. Und nichts steht fest – auch ich selber nicht. Ich sitze nicht, ich liege nicht. Jetzt gehe ich.

Angezogen von einem Traum

Wer aufbricht und sich auf den Weg begibt, wird nicht unbedingt gefeiert. Manchmal stößt man auf Hindernisse – schon zu Beginn! Das erlebten Mose und die Hebräer. Sie wollten nicht für immer in Ägypten bleiben, wo sie nichts als Enge kannten. Sie waren Sklaven. Und dann? Sie brachen in die Freiheit auf. Nicht lange jedoch und ein Volk, das Sehnsucht hatte, steckte wieder fest. Ein Meer verschloss den Weg. Ein Traum hatte sie Weite ahnen lassen. Nun standen sie wie vor einer Mauer. Auch eine Rückkehr war unmöglich. Denn als die Ägypter merkten, dass sie die Schmutzarbeit selbst erledigen mussten, nahmen sie die Verfolgung auf und riefen: »Ein Leben als Fußgänger? Das ist doch ein Hirngespinst!« Der Pharao spannte seine Wagen an, stürmte los und wollte die Pilger für ein Leben zurückgewinnen, das der Pflicht gewidmet ist.

Die Pilger hatten mit einer weit verbreiteten Regel gebrochen, die besagt: »Man kann das Leben nicht von heute auf morgen ändern.« Von Generation zu Generation hatten die Israeliten sich in die Rolle als Dienende hineingearbeitet. Nun aber war es einer Aussicht gelungen, aus willenlosen Handarbeitern hoffnungsfrohe Fußgänger zu machen. Sie waren einfach losgezogen, angezogen von dem Versprechen, dass es woanders besser sei.

Weil die Israeliten neuerdings auf Schönes hofften, reagierte die Umgebung aggressiv. Sie wollte das große Wünschen wieder in Zügel legen – was auch heute noch geschieht. Ich war Zeuge: Viele reagierten heftig, als jemand aus dem Gewohnten heraus in ein Traumland aufbrach. Es geschah im Studio für Rehabilitation und Fitness einer überschaubar großen Fachwerkstadt. Eines Übungstages fiel die Neuigkeit ins Rehaland: Eine Trainerin wolle nach Ende ihres Sportstudiums nach Australien ziehen. »Hier hält mich nichts, das ist nicht meine Heimat«, wagte sie von sich zu geben – und das, wo doch der Legende nach schon Kaiser Karl an diesem Fleck selig gewesen sein soll, als er seine Tochter wiederfand. Wenn jemand das Land verlässt, bleiben andere zurück. Offenbar fühlten sich im Studio mehrere zurückgeblieben. Sie fragten nach den Beweggründen der Wanderwilligen. »Sonne!«, entgegnete sie. »Ich halte diesen Dunst hier nicht mehr aus.« Außerdem gebe es auf dem anderen Kontinent eigens angelegte asphaltierte Bahnen, die einen durch Gegenden skaten lassen, die traumhaft wären – mit Blick aufs Meer. »Und Arbeit findet sich dort auch.« Nie hätte ich gedacht, welch ungeheure Energie in der Gemeinde der Rehabilitationspatienten steckte, die sich in der steten Wiederholung eines Wortes entlud: »Aber die *Rentenversicherung!*«

Es folgten Trainingstage, an denen nicht mehr nur mit, sondern auch über die Fluchtwillige gesprochen wurde. Im Stil einer Bürgerinitiative sammelte man Statements zur Verhinderung des Aufbruchs. »Das wäre nichts für mich«, schnauften junge Menschen auf Laufband und Crosswalker: »Ich will es lieber sicher haben.« Außerdem gebe es auch eine Pflicht, ergänzten andere. Ein soziales Miteinander funktioniere, wenn alle gleichermaßen arbeiteten, zahlten und füreinander einstünden. Muße? Aber klar! Nur bitte im hart erkämpften Urlaub oder am Lebensende. Die Hebräer hingegen waren von einem Versprechen angezogen: Da sei ein Land, das sie mit Milch und Honig berauschen würde. Dorthin wollten sie, am liebsten sofort. Aber nun waren ihnen die Ägypter nahe gekommen und riefen: »Wollt ihr wohl mit uns gefälligst solidarisch sein!«

Die Aufgebrochenen erwiderten nichts, was hätten sie auch sagen können? Das Sehnsuchtsbild von einer paradiesischen Heimat kennt keine schlagenden Argumente. Es betört, was die stört, die sich nicht bezaubern lassen. Wer das Segel seiner Träume hisst, hat mit Gegenwind zu rechnen. Der bläst oft so stürmisch, dass ein Segeln gegen den Wind unmöglich scheint. Die Aufbruchswilligen haben keinen Beweis für das künftige Glück, das auf dem Weg oder am Ziel zu finden ist. Das Ziel – das ist anfangs nicht vorzeigbar, sonst bräuchte man ja nicht dorthin aufzubrechen. Auch die Studentin wusste nicht, was sie genau erwarten würde. Vielleicht zweifelte sie auch oder ängstigte sich? Sie hatte erzählt, was sie über die Ferne gehört hatte. Und das klang schön. Nur bot es keine Garantie, war nicht kalkulierbar und roch überdies nach Gefahr und Abenteuer.

So erleben es viele: Wer träumt, sich an den Fesseln des Immergleichen reibt, wird nicht unbedingt gefeiert. Es ist nachvollziehbar, dass ein Bleiben im Gewohnten als attraktiver gilt. Denn ist das Aufbrechen nicht das Gegenteil von Geborgenheit? Wer freilich immer bleibt, bemerkt womöglich die Fesseln nicht mehr, die die Eigenart besitzen, sich unbemerkt um einen zu legen. Wenn man jegliche Bewegung meidet, entsteht auch keine Reibung. So bleiben die bei einem Freiheitsaufbruch entstehenden Schwierigkeiten fern – genauso aber auch der fantastische Triumph, eines Tages trockenen Fußes durch ein Meer zu gehen.

Denn das taten die Hebräer jetzt, die vor dem Meer gestanden hatten. Sie gingen los, mehr denn je angezogen von ihrem Traum, ins Freie zu kommen. Sie zogen geradewegs ins Meer, in dieses unüberwindlich scheinende Hindernis hinein. Sie wurden nicht verschluckt. Stattdessen schien das Hindernis plötzlich gar nicht anders zu können als den Aufbruchslustigen höflich Platz zu machen. »Und die Israeliten zogen auf trockenem Boden mitten durch das Meer, während die Wasser rechts und links wie eine Mauer standen.« (Exodus 14,22) Die Angst der Pilger war begründet gewesen. Das Meer aber zeigte seinen Grund. Auf diesem wandern jene, die aufbrechen, um das Kleid der Knechtschaft abzulegen.

Ein schlechter Start lässt hoffen

Als kleiner Junge startete ich bei einem Crosslauf. Es war das erste Mal. Ich wusste gar nicht, wie das ging, stellte mich zu den anderen in den Pulk hinein, an eine mit Sägemehl auf den Waldboden gestreute Linie, die ich zwischen dem Beingewühl kaum sehen konnte. Und dann: Schuss! Arme stießen, pufften mich – und alle waren weg. Und ich? Zu spät! Mit großen Augen trabte ich den Davongesausten hinterher. Ein Erlebnis, das einem heute kaum verziehen wird. Es lässt sich als frühzeitige Disqualifikation im Wettbewerb begreifen, möglichst schnell in Tritt zu kommen. Langsam, spät, verspätet beginnen und hinterherlaufen – das wird böse, zumindest arm und traurig enden, heißt es. Dagegen wird ein Kind später gute Chancen haben, bei dem schon am Anfang alles stimmt. Die Grundschule kann entscheidend sein, ein ideal auf das Kind zugeschnittenes pädagogisches Konzept wird helfen. Der Schulstart aber ist schon längst nicht mehr der Anfang aller Anfänge. Bereits die richtig zusammengesetzte Krabbelgruppe ist für die Zukunft nicht zu unterschätzen. Außerdem ist zu fragen: musikalische Früherziehung oder nicht? Besser doch mit Sport beginnen, aber mit welchem? Gymnastik, Turnen, Ballett? Beides, Musik und Sport, wäre noch besser. Dazu tritt die Option der multilingualen Unterweisung. Mädchen können übrigens inzwischen längst auch Fußball spielen. Ist das exakt der Weg, den man nicht verpassen darf? Und wie hat das Kind eigentlich beim Säuglingsschwimmen abgeschnitten? Fällt der Startschuss nicht sogar unmittelbar bei der Geburt? Eine gute Reaktion der Umgebung wird dem Kind Rückenwind geben. Großeltern legen ein Sparbuch an, damit das Studium gesichert ist. Auch der Führerschein zum 18. Geburtstag sollte nicht vergessen werden. Aber auch damit noch nicht genug! Denn was soll schließlich aus einem Baby werden, dessen Führerschein in knapp zwei Jahrzehnten zwar finanziell gesichert ist, aber noch nicht das Auto?

Da kann es entlasten, auf das Leben Jesu zu schauen. Oder man reibt sich verwundert die Augen: Denn aus ihm konnte theoretisch nichts werden, nimmt man das Ideal des geglückten Starts als Maßstab. Die Eltern Jesu, also nicht gerade unwichtige Akteure der Geburtsgeschichte, waren keine guten Starter. Sie waren langsam unterwegs nach Bethlehem. Zu Fuß. Und das, obwohl Maria hochschwanger war. Sie wussten nicht: Was wird der nächste Tag bringen? Dazu waren die Umstände nicht besonders glücklich, mochte Jesus auch als Kind Gottes angekündigt worden sein. Das hieß zugleich: Maria war nicht von Josef schwanger. Und verheiratet waren sie auch noch nicht. Als Josef von dem Kind erfuhr, das nicht er ins Leben gerufen hatte, war er wütend.

Der Weg des Paares nach Bethlehem verlief also nicht glatt. Geworfen auf eine Gegenwart, die nicht rosig war, schleppten sie sich einer ungewissen Zeit entgegen. Die Geburt selbst jedoch glückte. Zum Glück! Nur hatten sie nirgendwo Unterschlupf gefunden, obwohl sie sich in Josefs Heimatort befanden. Großeltern, die hätten helfen können? Kein Wort davon. Da war kein Raum in der Herberge, heißt es. Für Maria, Josef und das Kind war es ein missratener Start. Kurz nach der Geburt muss das Kind schon wieder den Ort wechseln, wird im Matthäusevangelium erzählt. Nachts ziehen Maria, Josef und Jesus weiter – sie fliehen nach Ägypten, weil König Herodes alle Babys in der Gegend töten will.

Jesus wird in eine Pilger- und Wanderfamilie hineingeboren: Unterwegs, ohne Heimat, in Gefahr, Flucht bei Nacht – was für ein Beginn! Dennoch ist die Bibel nicht bereit, die Geschichte mit dem Prädikat ›vergeblich‹ zu versehen. Die Forderung nach einem glänzenden Beginn wirkt sogar auf den Kopf gestellt. Was in der Geburtsnacht geschieht, wird in Licht getaucht: Hirten, auch sie Nomaden, kommen zu dem Kind, das den Menschen Frieden bringen soll. Und es ist ausgerechnet die Krippe, diese nicht gerade prächtige Liegestatt, die zum Zeichen wird und eine große Kraft entwickelt. Die Hirten rennen mit einem Tempo, das niemand für möglich hielt.

Der Futtertrog scheint Menschen anzuziehen, die nicht als tageslichttauglich gelten. Zu dem Kind mit dem seltsam lahmen Beginn pilgern allerdings auch Menschen, die über eine hohe gesellschaftliche Reputation verfügen. »Wir haben seinen Stern gesehen im Morgenland und sind gekommen, ihn anzubeten«, sagen Weise, die sich von einem Licht zu Jesus haben leiten lassen. Ein uneheliches Kind, auf dem Weg geboren und ohne Startkapital, gilt als göttlich und würdevoll. Es wird beschenkt, erhält Gold, Weihrauch und Myrrhe. Ein schlechter Start verkehrt sich ins Gegenteil. Reiche und kluge Menschen machen sich auf den Weg, zu suchen, was wahrhaft königlich ist. Und sie finden es. Sie feiern einen Start, der nicht gerade glänzend ist. Das klingt wie ein Versprechen für all jene, die nicht immerzu in Führung liegen: Der vorsichtige Beginn ist machtvoller als alle Raserei.

Gott segne
deinen ersten Schritt,
den Mut,
dass sich etwas ändert.
Und er ruhe in der Angst,
dass sich alles ändern könnte.

Gott segne
den ersten Augenblick,
deinen Blick,
der Neues schaut:
Geburt,

den Anfang
und die Überraschung.

Gott segne
und verwirre dich,
gehe mit dir in die Irre,
er lasse dir den Irrtum,
nicht für immer
wirst du irren.

Gott schenke
dir den Weg des Staunens.

2
Gehen

Gott,
der du pilgerst
durch die Lüfte
und den Staub der Erde,
geh mit mir.

Geh
neben mir,
sei hinter mir
und drücke mich:
ein Rückenwind.

Begleite mich
auch in die Leere.
Wenn nichts mehr geht,
sich nichts mehr regt,
geh mir voraus.

Geh nicht zu weit,
zieh nicht weg von mir.
Warte doch auf mich,
erwarte mich
in meinem Gehen
Schritt für Schritt
zum Horizont.

Geh aus, mein Herz und suche Freud

Geh aus mein Herz und su - che Freud in

die - ser schö - nen Som - mer - zeit an dei - nes

Got - tes Ga - ben. Schau an der schö - nen

Gär - ten - zier und sie - he wie sie mir und dir

sich aus - ge - schmük - ket ha - ben,

sich aus - ge - schmük - ket ha - ben.

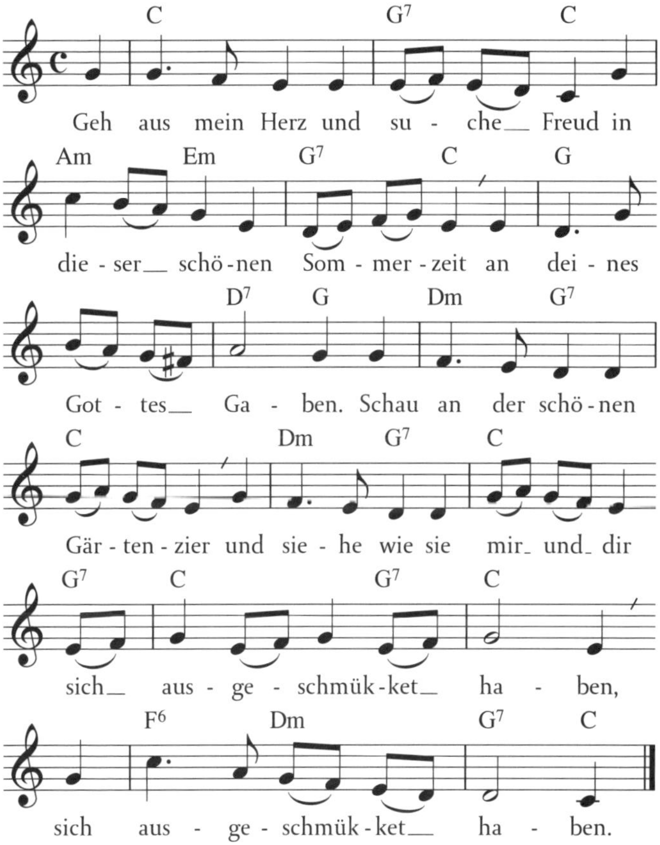

2. Die Bäume stehen voller Laub,
   das Erdreich decket seinen Staub
   mit einem grünen Kleide;
   Narzissen und die Tulipan,
   die ziehen sich viel schöner an
   als Salomonis Seide.

3. Die Lerche schwingt sich in die Luft,
   das Täublein fliegt aus seiner Kluft
   und macht sich in die Wälder;
   die hochbegabte Nachtigall
   ergötzt und füllt mit ihrem Schall
   Berg, Hügel, Tal und Felder.

4. Die Glucke führt ihr Völklein aus,
   der Storch baut und bewohnt sein Haus,
   das Schwälblein speist die Jungen,
   der schnelle Hirsch, das leichte Reh
   ist froh und kommt aus seiner Höh
   ins tiefe Gras gesprungen.

5. Die Bächlein rauschen in dem Sand
   und malen sich an ihrem Rand
   mit schattenreichen Myrten;
   die Wiesen liegen hart dabei
   und klingen ganz vom Lustgeschrei
   der Schaf und ihrer Hirten.

6. Die unverdrossne Bienenschar
   fliegt hin und her, sucht hier und da
   ihr edle Honigspeise;
   des süßen Weinstocks starker Saft

bringt täglich neue Stärk und Kraft
in seinem schwachen Reise.

7.   Ich selber kann und mag nicht ruhn,
     des großen Gottes großes Tun
     erweckt mir alle Sinnen;
     ich singe mit, wenn alles singt,
     und lasse, was dem Höchsten klingt,
     aus meinem Herzen rinnen.

T: Paul Gerhardt 1653, M: August Harder vor 1813

Er lässt den Fuß nicht wanken

[Ein Wallfahrtslied]
Ich hebe meine Augen empor zu den Bergen: |
woher wird Hilfe mir kommen?
Hilfe kommt mir vom Herrn, |
der geschaffen hat Himmel und Erde.
Er lässt deinen Fuß nicht wanken; |
der dich behütet, er schläft nicht.
Siehe, es wird nicht schlafen, nicht ruhn, |
der Wache hält über Israel.
Der Herr ist dein Hüter! |
Zu deiner Rechten wird der Herr dich beschützen.
Am Tag wird dich nicht versengen die Sonne, |
nicht schadet dir der Mond in der Nacht.

Vor allem Übel wird der Herr dich bewahren, /
der Herr behütet dein Leben.
Der Herr behüte dein Gehen und Kommen /
von nun an bis in Ewigkeit.

Psalm 121

Wundervoll komplex

Das Gehen wirkt selbstverständlich, ist jedoch sehr kostbar.
Wie lange dauert es, bis ein Kind gehen kann! Also einmal
bewusst auf die Bewegung beim Gehen achten. Doch Vorsicht: Nicht übertreiben! Wer das Ineinandergreifen aller
Bewegungselemente erfassen will, läuft Gefahr zu stolpern.
Das belegt, wie komplex das Gehen ist. Besser immer mal
wie nebenbei auf den Körper achten: Was tun die Arme,
wie geht es den Schultern? Wie bewegen sich Beine und
Füße? Was ist mit dem Rumpf? Gerade er ist vielfach unbe-
achtet, obwohl die Körpermitte. Nachweislich größer als
der Kopf, fristet er ein Schattendasein. Wohl deshalb ist
der Rumpf oft angespannt, auch wenn er das zum Beispiel
beim Gehen gar nicht nötig hat. Ihn also einmal sacken
lassen. Und den unteren Rückenbereich aus der Hab-Acht-
Spannung entlassen. Dabei spüren, wie leicht die Beine sich
im Becken aufgehängt fühlen können. Auch darauf achten,
wie gekonnt und selbstverständlich man auf den Wechsel
des Untergrunds reagiert, auf Wurzeln, Sand und Steine.

Die neue Lust am Gehen

Der Mensch der Gegenwart ist ein Wanderer, selbst dann, wenn er seine Beine nicht bewegt. Er sitzt in Flugzeugen, Autos und rasenden Zügen. Das hohe Lebenstempo sorgt für Euphorie, macht viele jedoch auch atemlos. Das mag ein Grund dafür sein, dass sich seit einigen Jahren eine Gegenbewegung beobachten lässt: Das Gehen erlebt eine Renaissance. Viele folgen damit einer Überzeugung, die der Schriftsteller Johann Gottfried Seume vor mehr als 200 Jahren ausgesprochen hat: »Ich bin der Meinung, dass alles besser gehen würde, wenn man mehr ginge. Man kann fast überall bloß deswegen nicht recht auf die Beine kommen und auf den Beinen bleiben, weil man zu viel fährt.«

Beispielhaft für die gewachsene Gehfreude ist das Pilgern, speziell das auf dem Jakobsweg, der im spanischen Santiago de Compostela endet. In der 1970er-Jahren waren oft weniger als 100 Pilger jährlich unterwegs. Im Vergleich dazu sprang von 2006 auf 2007, also innerhalb eines Jahres, die Zahl allein der deutschen Pilger von 8.000 auf 14.000. Auf diesem Niveau hat sie sich eingependelt. Aber nicht nur auf dem Jakobsweg und anderen großen Routen ist man unterwegs: Auch in Deutschland, in Österreich und der Schweiz wird vermehrt gepilgert. Es gibt Bergexerzitien in den Alpen, spirituelle Wandertouren für Trauernde. Immer neue Routen werden markiert: Kapellen- und Waldbesinnungswege, Franziskusweg, Elisabethpfad, Bonifatius- oder Benediktweg. Man kann sogar auf einem Lutherweg zu berühmten Stätten des Reformators pilgern, auch wenn er selbst diese Form der Frömmigkeit abgelehnt hat.

Die neue Lust am Gehen gleicht einem frischen Wind, der allerdings auf alten Wegen weht. Denn die heutigen Pilgerrouten reichen mitunter bis in die vorchristliche Zeit Europas zurück. Dieses Gehens ist nicht ans Christentum gebunden. Das Buch der Psalmen aus der hebräischen Bibel kennt viele Wallfahrtslieder, vermutlich wurden sie gesungen, als man zum jüdischen Tempel zog. Auch Hindus, Buddhisten und Muslime pilgern. Zu den ersten Stätten innerhalb der christlichen Pilgertradition gehört Jerusalem, wo man das Grab Christi und den Ort der Kreuzigung besuchte.

Der religiös motivierte Aufbruch ist oft zugleich ein *Aus*bruch, der das gesamte Leben umfassen kann. Es war nicht zuletzt ein Protest gegen eine geschäftige Kirchlichkeit, als im 3. Jahrhundert Christen in die Wüste pilgerten. Dort suchten sie Gott – allein. Nach und nach bildeten die Einsiedler Kolonien, später entstanden Klöster. Damit war das Mönchtum an einen festen Ort gebunden, das Ideal der Pilgerschaft jedoch nicht verschwunden. Im übertragenen Sinn versteht man die mönchische Lebensweise nach wie vor als ein Gehen, als einen Auszug aus gewohnten Bindungen. Aber nicht nur im spirituellen Sinn blieb das Ideal lebendig: So wanderten in der Ostkirche oder im iroschottischen Bereich Mönche tatsächlich ins Ausland. Fern der Heimat wollte man sich für ein himmlisches Land bereit machen.

Miteinander gehen

Manche fühlen sich klein, übersehen, nicht für voll genommen. Liegt es daran, dass man zu oft sitzt? Man trifft sich am Tisch, setzt sich zu Tisch, verhandelt am Tisch. Selbst wer bei solchen Verhandlungen gute Ergebnisse erzielt, fühlt sich nicht immer ganz richtig im Körper. Wer freilich aufsteht und geht, bemerkt seine Größe sofort. Der Körper bekommt den Raum, den er zumindest manchmal dringend benötigt.

Wer sehr viel sitzt, geht selten los, dafür aber in Behandlung: Die Hüftbeuger verkürzen sich. Dazu kommt eine leicht vornübergebeugte Haltung, die Schultern hängen nach vorn. Kaum jemand muss zur Krankengymnastik, weil er zu viel gegangen ist.

Es ist nicht so, dass ich dem Sitzen nichts abgewinnen könnte: Wenn ich in den Sessel sinke, genieße ich sein Wippen. Das ist aber schon wieder ein Vorspiel kommender Bewegungen. Ich schaue wippend nach draußen, erwartungsvoll: Bald geht es los, in die Mittagspause, zum Bäcker. Oder ich gehe schlicht spazieren. Die Hauptsache: Es geht nach draußen.

Bei Arbeitssitzungen, Tagungen und Festen wird eine Sitzordnung festgelegt, was Sicherheit vermitteln kann. Für viele bedeutet es aber auch, reden zu müssen. Schweigen am Tisch? Das ist peinlich. Also redet man einfach deshalb, um keine Pause aufkommen zu lassen. Wenn man dagegen unterwegs ist, existiert keine Gehordnung. Man geht nebeneinander, hintereinander, durcheinander. Und es wird geschwiegen, ohne dass das eigens als Schweigen empfunden würde. Worte ergeben sich wiederum, nicht weil man reden müsste. Denn beim Gehen entstehen sie wie von selbst. Sie werden mit mehr Ruhe gesprochen. Die Gedanken und Worte gewinnen eine rhythmische Leichtigkeit, mitunter ist ihnen etwas wie ein Tänzeln eigen. »Oft sagt man sie wortwörtlich ins Blaue hinaus«, sagt der Schriftsteller und leidenschaftliche Spaziergänger Lorenz Marti. »Und vertraut darauf, dass der oder die andere sie schon mitbekommt.«

Für Marti kann das Gehen eine wunderbare Form der Meditation sein, weil sie nicht trainiert zu werden braucht. Er geht aus Spaß. So könne das Gehen ganz nebenbei etwas lehren, nämlich nicht krampfhaft standhaft sein zu müssen, sagt er: »Mit jedem Schritt wird ein Standpunkt verlassen und ein neuer gesucht. Und sobald der neue Standpunkt gefunden ist, muss auch dieser wieder aufgegeben werden.«

Auch beim Gehen kann es Streit und Differenzen geben. Tauchen Konflikte gerade deshalb auf, weil das fortwährende Schreiten das in uns Festgesetzte lockern und lösen kann? Vermeintlich tief Abgelagertes kommt zum Vorschein. Es ist aber auch wiederum der Weg, der Konflikte leichter tragen lässt. Man wird sich nicht auseinandersetzen. Sondern geht weiter, vielleicht mit Abstand, aber gemeinsam.

Unterwegs kommen Gespräche und Gedanken ohne allzu großes Gewicht aus. Bei Verhandlungen am Tisch meint man vielleicht, dank eines kommunikationstechnisch gewieften Austausches von Positionen die Welt gestalten zu können. Beim Gehen wiegt dieser hehre Anspruch leichter.

Mitunter ist man völlig frei davon, weil man erkennt: Man kann nicht alles bestimmen. Und muss es nicht! Denn es verhält sich umgekehrt: Die Landschaft bestimmt mit einem Mal das Gehen, Sprechen, Denken und Schweigen. Im Freien verlieren die Gedanken Enge, Ängstlichkeit und Härte. Und wer andere unbedingt von der richtigen Position überzeugen will, wird oft im entscheidenden Argumentationsgang unterbrochen – von einem Baumstamm oder einer Pfütze, die umgangen werden müssen.

Viele weise und religiös begabte Menschen waren Gehende. In Griechenland gab es die sogenannten Peripatetiker, die philosophierten, indem sie wandelten. Buddha ließ den elterlichen Palast hinter sich und zog in die Hauslosigkeit. Abraham hörte einen Ruf und folgte ihm, ohne zu wissen, wohin er ziehen würde. Auch Jesus hatte keinen festen Wohnsitz, sein Zuhause waren die Straßen Palästinas. Das Gehen hat etwas damit zu tun, dass sich das Leben wandeln darf. Es ist nicht zu Ende, sondern beginnt. Ist es gar ein Zeichen von Liebe? Wer verliebt ist, sagt kaum: Wir sitzen zusammen. Es heißt: Wir gehen miteinander.

Der Anfang einer großen Bewegung

Einer lag drei Tage lang. Als er wieder aufstand, war das ein Fest. Die Auferstehung Jesu gilt als Initialzündung des Christentums. Eine große Bewegung war die Folge. Das Ereignis hat schon manchen Forscher zu Gedankenkonstruktionen von ungeheurer Artistik inspiriert. Andere staunen, schweigen und sprechen von Wunder und Geheimnis. Laut Evangelien ist noch von einer ganz anderen Reaktion die Rede, nämlich von einem Gehen, das einen nahezu sportlichen Charakter hat.

Der Leichnam war selbst in Bewegung geraten, das Grab Jesu leer. Wer aber hatte ihn fortgetragen? Die Antwort darauf war ein Gerücht, das lautete: Jesus selbst sei es gewesen, der sich in Bewegung gesetzt hätte. Wer es erfuhr, war wie gelähmt. Dann verkehrte sich die Lähmung ins Gegenteil. Das Geheimnis zeigte sich, ohne seinen Charakter als Geheimnis aufzugeben. Es muss so belebend und bewegend gewesen sein, dass niemand eine Anleitung benötigte, wie genau er jetzt reagieren sollte. Die Bewegung war nicht organisiert. Ein Fitnessstudio hätte man nicht besucht, um den Körper unter fachkundiger Anleitung in Bewegung zu setzen. Weder Sportverein noch Krankengymnastik waren das Ziel. Niemand meldete sich bei Lauftreff oder Wassergymnastik an.

Am schnellsten starteten laut Matthäusevangelium die Frauen, die drei Tage nach der Kreuzigung Jesu Grab aufgesucht hatten. Gewöhnlich werden die Jünger als Vertraute Jesu angesehen. Am Ursprungsort der christlichen Bewegung waren zuerst die Frauen. Vor dem Grab lag nicht mehr der große Stein. Ein Engel sprach: Den ihr sucht, er ist dem Tod entsprungen. »Und sie gingen eilends weg vom Grab mit Furcht und großer Freude und liefen, um es seinen Jüngern zu verkündigen.«

Jesus würde sich ihnen bald zeigen, hatte ein Engel gesagt. Als es geschah, konnten die Frauen sich nicht mehr auf den Beinen halten, mit denen sie eben noch rannten. »Und siehe, da begegnete ihnen Jesus und sprach: Seid gegrüßt!

Und sie traten zu ihm und umfassten seine Füße und fielen vor ihm nieder. Da sprach Jesus zu ihnen: Fürchtet euch nicht!« Sie sollten nicht angstvoll auf dem Boden liegen bleiben, sondern sich aufrichten und weiterlaufen. »Geht und sagt meinen Brüdern, sie sollen nach Galiläa gehen; dort werden sie mich sehen.« Die Frauen zogen weiter, damit nun auch die Männer in Bewegung gerieten, um nach Galiläa zu pilgern, wo Jesu Wanderbewegung einst ihren Anfang genommen hatte. Jesus war nämlich Zeit seines Lebens gewandert. Und viele waren ihm zu Fuß gefolgt.

Jesus, der Nicht-liegen-Gebliebene, wollte wieder wandern gehen, wird im Lukasevangelium erzählt. Zwei seiner Anhänger zogen von Jerusalem nach Emmaus. »Da nahte sich Jesus selbst und ging mit ihnen.« Die beiden wussten nicht, wer das war, der sich zu ihnen gesellt hatte. Das Gehen aber ermöglichte, festgetretene Gedanken Schritt für Schritt aus der Erstarrung zu lösen. So wurde man gemeinsam schreitend immer klüger. Als Jesus im Gasthaus das Brot brach und sie ihn erkannten, blieben sie nicht sitzen, sondern »standen auf zu derselben Stunde, kehrten zurück nach Jerusalem und fanden die Elf versammelt und die bei ihnen waren.«

Die Elf – damit ist der enge Jüngerkreis gemeint. Das Johannesevangelium berichtet anders als die übrigen Evangelien, dass auch sie zur Grabstätte Jesu gelangten, wenigstens zwei von ihnen. Wie war es möglich? Ermuntert hatte sie eine Frau. Denn Maria aus Magdala war bereits dort gewesen und hatte das Grab leer vorgefunden. »Da läuft sie und kommt zu Simon Petrus und zu dem andern Jünger, den Jesus lieb hatte, und spricht zu ihnen: Sie haben den Herrn weggenommen aus dem Grab, und wir wissen nicht, wo sie ihn hingelegt haben.« Nun rennen Petrus und der

Lieblingsjünger. Als ob sie das Klischee von untereinander unablässig wetteifernden Männern erfüllen wollten, artet das in einen Wettkampf aus. »Es liefen aber die zwei miteinander, und der andere Jünger lief voraus, schneller als Petrus, und kam zuerst zum Grab, schaut hinein und sieht die Leinentücher liegen: er ging aber nicht hinein.« Möglicherweise plagte ihn das schlechte Gewissen: Statt miteinander gegangen zu sein, war er dem anderen davongelaufen. Oder hatte er Angst vor dem, was er im Grab nicht sah, dort aber geschehen sein könnte? Wie auch immer: Jesu Lieblingsjünger wartete, sodass Petrus ihn schließlich überholte. »Da kam Simon Petrus ihm nach und ging in das Grab hinein und sieht die Leinentücher liegen. Da ging auch der andere Jünger hinein, der zuerst zum Grab gekommen war, und sah und glaubte.« Mochte der Lieblingsjünger auch glauben – richtig schlau geworden waren beide nicht. Das ist tröstlich für jene, denen die Auferstehung nicht ohne Weiteres einleuchtet. »Denn sie verstanden die Schrift noch nicht, dass er von den Toten auferstehen müsste. Da gingen die Jünger wieder heim.«

Wo aber war eigentlich Maria aus Magdala geblieben? Sie hatte bei dem Wettlauf gleichsam die Bronzemedaille errungen. Vermutlich hatte sie nicht allzu viel Lust aufs Konkurrieren. Sie wählte eine andere Bewegungsform, bei der es nicht darauf ankommt, möglichst sofort ans Ziel zu kommen. Als sie am Grab angekommen war, ging sie anders als Petrus und der Lieblingsjünger auch nicht wieder heim, sondern blieb. Sie weinte. Und Jesus? Er ließ sich hören: Maria! So zeigte sich Jesus nicht den Wettläufern und Heimgegangenen, sondern der gemächlich Pilgernden, die den Mut gehabt hatte, ihre Trauer zuzugeben.

Geheimnisvolle Begleiter

Es sind treue Begleiter, aber keine Menschen. Auch ist unter ihnen kein Hund. Es handelt sich bei ihnen gewiss nicht um Boten Gottes. Obwohl: Gott lässt sich natürlich umgekehrt auch wieder nicht vorschreiben, wie er sich bemerkbar macht.

Im Heiligenkalender stehen sie jedenfalls nicht. Auch ist es nicht so, dass sie mich unablässig begleiteten. Mal ist keiner von ihnen bei mir, dann einer, meist sind es gleich mehrere. Einige dieser in der Regel unbeachteten Zeitgenossen gehen eine Zeit lang mit, bleiben dann zurück. Neue gesellen sich dazu. Mitunter ist einer sogar mehrere Tage auf dem Weg mit mir.

Das alles geschieht von selbst, man muss dafür nichts tun. Die Weggenossen sind auch nicht zu spüren, sie machen sich fast nie bemerkbar. Nur ab und zu lässt sich einer hören, indem er einen Kratzlaut von sich gibt. Gleich aber ist es wieder ruhig. Nur wenn das Kratzen immer wieder kommt, lasse ich den Geräuschmacher auf dem Weg zurück, wo er augenblicklich in ein Schweigen fällt, das zufrieden wirkt.

Genau das ist das Geheimnisvolle und Liebenswerte an ihnen: Sie geben beim Gehen nicht einen Laut von sich. Sie machen also keinen Lärm, obwohl sie nicht anders als Autos und Züge in Bewegung sind. Sie und ich: Wir gehen in demselben, in einem wunderbar gleitenden Rhythmus. Es wirkt so harmonisch, dass alle unsere Schritte zusammengenommen an einen vollendeten Tanz erinnern. Dennoch verschmilzt keiner dieser Begleiter mit dem Pilger. Sie verlieren auch nicht an Kontur, sondern bleiben ganz sie selbst. Es ist eine Vereinigung auf Zeit, die aus der Freiheit geboren ist. Ich weiß noch nicht einmal, wann genau wir uns finden und wann wir wieder auseinandergehen.

Doch jeder von ihnen hat den Mut, seinen angestammten Platz plötzlich sein zu lassen, um in Bewegung zu kommen. Meine Begleiter sind geheimnisumwittert. Dennoch lassen sie sich in bestimmten Augenblicken sehen, allerdings nicht beim Gehen selbst. Wenn der Pilger Pause macht oder am Ziel angekommen ist, zieht er die Schuhe aus. Dann ruhen auch sie, die mit ihm unterwegs gewesen sind: Kleine, oft winzige Steinchen, die gerade so groß sind, um im Profil der Gummisohle einen Platz zu finden.

Der himmlische Gott
gebe deinen Füßen
festen Boden.

Der leichtfüßige Gott
leite dich ins Gleichmaß
deiner Schritte.

Der freigiebige Gott
schenke dir den Mut,
alles gehen zu lassen.

3
Weite

Gott,
hebe unsern Blick:
wir wollen Weite spüren!
Und sieh auf uns,
dass wir uns nicht in Kleinlichkeit verlieren.

Hebe unsre Arme:
wir wollen die Freiheit berühren!
Und rühre uns,
dass wir nicht stehen bleiben.

Weite unsre Ohren:
wir wollen den Klang der Ferne hören!
Und lausche unsrem Atem,
dass er in die Tiefe geht.

Öffne unsre Nasen:
Wir wolln die Fremde riechen!
Und verschließ dich nicht vor uns,
dass wir deine Nähe spüren.

Lenke unsern Blick zu Boden:
Wir wollen in der Weite nicht verloren gehen.
Und öffne Schranken,
dass wir unsre Wege gehen können.

Vertraut den neuen Wegen

1 Ver - traut den neu - en We - gen, auf
weil Le - ben heißt: sich re - gen, weil

die der Herr uns weist,
Le - ben wan - dern heißt.

Seit leuch - tend

Got - tes Bo - gen am ho - hen Him - mel stand,

sind Men - schen aus - ge - zo - gen

in das ge - lob - - te Land.

2. Vertraut den neuen Wegen
    und wandert in die Zeit!
    Gott will, dass ihr ein Segen
    für seine Erde seid.

3. Weite

Der uns in frühen Zeiten
das Leben eingehaucht,
der wird uns dahin leiten,
wo er uns will und braucht.

3. Vertraut den neuen Wegen,
auf die uns Gott gesandt!
Er selbst kommt uns entgegen.
Die Zukunft ist sein Land.
Wer aufbricht, der kann hoffen
in Zeit und Ewigkeit.
Die Tore stehen offen.
Das Land ist hell und weit.

*T: Klaus Peter Hertzsch 1989; M: Böhmische Brüder 1544,
© beim Autor*

Den Fuß auf weiten Raum gestellt

[Dem Chormeister, ein Psalm von David]
O Herr, ich flüchte zu dir, /
lass mich nicht zuschanden werden in Ewigkeit; /
in deiner Gerechtigkeit mache mich frei!
Neige dein Ohr mir zu, /
mich zu erretten, eile herbei!
Sei mir ein Felsen der Zuflucht, /
eine feste Burg, mich zu retten.

Wahrlich, du bist mein Fels, meine Burg; |
um deines Namens willen führe mich und leite mich.
Du ziehst mich aus dem Netz, das sie heimlich mir stellten; |
du bist meine Rettung.
In deine Hände befehle ich meinen Geist; |
Herr, du getreuer Gott, du wirst mich erlösen!
Du hasst, die nichtige Götzen verehren, |
ich aber vertraue dem Herrn.
Frohlocken darf ich und deiner Güte mich freuen; |
denn gnädig hast du auf mein Elend geschaut; |
meiner Seele hast du geholfen in der Bedrängnis.
Nicht gabst du mich preis der Macht meiner Feinde, |
du hast auf weiten Raum meinen Fuß gestellt.

Psalm 31, Verse 1–9

Entfernungen

Das Gefühl der Weite wird von subjektiven Faktoren beein-
flusst. Manche fühlen sich auf einem großen Platz frei, andere verloren. Einige erleben Weite im Gebirge. Für andere
sind Berge etwas, das den Blick verstellt. Sie lieben eher das
Meer. Doch wie auch immer das subjektive Empfinden von
Weite ist: Es dürfte nicht zuletzt davon bestimmt sein, wie
weit man schauen kann. Das Entfernteste, was ein Auge
überhaupt erkennen kann, ist der Himmel. Um diesen Abstand jedoch beziffern zu können, müsste der Himmel

einen festen Abstand zur Erde haben. Was man als Himmel bezeichnet, ist allerdings blaues Streulicht beziehungsweise die Weite des Weltalls. Weil das menschliche Auge im Prinzip nahezu endlos weit schauen kann, hängt die Sichtbarkeit davon ab, ob ein Objekt genug Licht ausstrahlt oder mit ausreichend Licht angestrahlt wird. Dann kann es von den Nervenzellen im Auge wahrgenommen werden. Mit bloßem Auge können am gesamten Himmel etwa 6.000 Sterne von der Erde aus wahrgenommen werden. Behält man seinen Standpunkt bei, sind das rund 3.000.

Nicht selten ist die Himmelssicht jedoch eingeschränkt. Infolge von Dunst und geringer Dunkelheit sieht man in Großstädten weniger Sterne als in spärlich bewohnten Gegenden. Übrigens zeigen sich Kindern mehr Himmelskörper als Erwachsenen. Die Pupillen von Kindern sind größer, sodass die Augen mehr Licht einfangen können.

Das Gefühl von Weite kann sich verstärken, wenn man sich klarmacht: Wir sehen die Sterne nicht an dem Ort, an dem sie sich gerade befinden. Stattdessen zeigen sie sich den Augen dort, wo sie sie waren, als sie das Licht ausstrahlten, das uns im Augenblick des Sehens erreicht. Sirius zum Beispiel, der hellste und ein uns vergleichsweise nahe liegender Stern, sehen wir an der Position, die er vor mehr als acht Jahren innehatte. So lange braucht sein Licht zu uns. Wenn wir in den Sternenhimmel schauen, blicken wir somit zugleich in die Vergangenheit, die im Moment des Schauens gleichsam gegenwärtig wird.

Bei Tageslicht sieht unser Auge nur einen Bruchteil der Entfernungen, die in der Nacht möglich sind. Bei Klarheit beträgt die Sichtweite 280 Kilometer. Wenn es leicht diesig ist, können wir zehn Kilometer weit schauen, bei leichtem Nebel zwei Kilometer. Wenn starker oder extremer Nebel herrscht, auch bei Starkregen oder Schneetreiben sind es zwischen 100 und 10 Metern. Ist in diesem Fall jegliches Gefühl von Weite verschwunden? Wer im Hochgebirge in eine Wolke oder in starken Nebel gerät, spürt gerade dann mitunter eine extreme Weite. Obwohl man nicht weit schaut, kann das unendlich wirken, womit einmal mehr deutlich ist: Das Gefühl der Weite ist mit Zahlen nie ganz zu erfassen.

Spannbreite

Freiheit und Weite lassen sich spüren, wenn man sich reckt und streckt: Wie man es nach dem Aufwachen tut, um den neuen Tag zu grüßen. Das lässt sich gezielt gestalten – auch zu anderen Tageszeiten. Die Arme dazu weit ausstrecken wie ein Polizist, der an der Kreuzung den Verkehr regelt. Die Streckung nicht nur in den Armen, sondern bis in die Fingerspitzen hinein spüren. Die ganze Spannbreite erleben, die einem gegeben ist. Bemerken, wie groß die Atemzüge dabei werden können. Die ausgestreckten Arme langsam nach oben, unten, vorn und hinten bewegen: Groß fühlt sich der Raum an – und wir in ihm. Wem das vor anderen peinlich ist, muss auf diese Erfahrung von Größe und Weite nicht verzichten: Man kann sich auf diese Weise auch allein ausbreiten – in Räumen, im Wald oder bei Dunkelheit.

Schwebende Orientierung

Endlich weg! So viel war für Mose und die Israeliten klar, die die Enge hinter sich gelassen hatten. Der Sklaverei waren sie entkommen. Und nun? Vor ihnen breitete sich die Freiheit aus. Nur wohin genau sollte es jetzt gehen? Als Ziel war von Gott versprochen: ein Land, in dem es kein Verbrechen ist, nach dem eigenen Willen zu leben. Der Weg dorthin freilich war nicht ausgeschildert. Die Hebräer besaßen kein satellitengestütztes Orientierungssystem, in das sie als Ziel *Gelobtes Land* hätten eintippen können. Auch konnten sie nicht den Routenplaner befragen, der den effektivsten Weg als Farbskizze ausdruckt. Ohnehin waren sie zu Fuß unterwegs, also keine Fahrer. Aber da war noch nicht mal eine Touristeninformation, in der sie sich Wanderkarten hätten besorgen können.

Dennoch fanden sie Orientierung. Und zwar eine, die die gewonnene Weite nicht gleich wieder in Frage stellte. Die Orientierungshilfe war deutlich, aber nicht bedrängend. Sie schwebte. Die Pilger erfuhren inmitten des Aufbruchs ein Gefühl von Sicherheit. Niemand Geringeres als Gott zeigte sich den Nomaden. Nur indirekt, dafür aber sehr beweglich. Er wies damit jenen den Weg, die zuweilen als unetabliert belächelt werden – nur weil sie mit dem Leben noch nicht fertig sind, sondern losgezogen sind. Gott zeigte sich in einer Säule aus Wolken. Es herrschte kein Lärm, er zeigte sich nicht groß und donnernd, niemand erschrak: Er verbreitete eine Sicherheit, die dank ihrer

Leichtigkeit die Weite nicht verschluckte. Aber wie war es in der Nacht? Da zog Gott nicht in der Wolke, sondern in einer Feuersäule mit ihnen, um ihnen den Weg zu leuchten. So wanderte man am Tag und auch in der Nacht. Denn jene, die ihnen das Recht auf Freiheit ausreden wollten, waren noch nicht abgeschüttelt.

Übrigens ging das Volk, das das Gewohnte verlassen hatte, *wohlgeordnet*, heißt es in der Bibel. Und das, wo in ihrem Leben gerade alles andere als Ordnung herrschte, gemessen an manch zentimetergenau gefügter Siedlung heutiger Tage. Die Grashalme wirken abgezählt. Dazu glänzen Zäune, deren Fundamente fest im Boden eingelassen sind: Hier will ich auf immer bleiben!, scheinen sie zu sagen. Zunehmend fällt ein Zaunprodukt ins Auge, das das dazugehörige Grundstück wie einen Sicherheitstrakt wirken lässt. Diese Gitter habe ich erstmals in regionalen Fußballstadien entdeckt – als Barriere, die die Ränge vom Spielfeld trennt. Man muss dann über den Zaun schauen, weil man sonst vom Spielgeschehen nichts mehr erhaschen kann. Die Augen finden nämlich kaum einen Weg zwischen den dicht gefügten Streben des Sicherheitszauns hindurch. Viele haben solche Gitter zum Gartenzaun gemacht. Er verspricht eine bewegungslose Sicherheit. Auch ohne Stacheldraht ist garantiert, dass weder Fuß noch Finger in den Zaun greifen und diesen überklettern können.

Das Volk Israel hatte jedoch nicht in einem Leben bleiben wollen, das die Ägypter für sie zentimetergenau vermessen hatten. In der Wüste, inmitten einer großen Weite, hatten sie eine sie beruhigende Ordnung gefunden, die nicht kasernierte. Freilich gingen sie manchen Umweg. Das aber gehörte dazu! Die Geradlinigkeit des alten Lebens war dahin. Doch ausgerechnet jetzt bewegten sie sich ruhig und stetig, gingen wohlgeordnet. So zogen sie ins Land der Sehnsucht. Auskunft gaben ihnen keine Fackeln am Wegrand. Sie orientierten sich nicht an Leuchttürmen, deren Fundamente tief in die Erde eingelassen waren. Sie vertrauten auf Gott, der sich in der glühenden und beweglichen Wolkensäule befand. Er zog mit. Die Pilger leitete, was nicht greifbar war: ein Wolkenschweben. Die Fußgänger fühlten sich geborgen, obwohl sie noch lange nicht dort waren, wohin sie wollten. Doch den Pilgern gab Sicherheit, was sich bewegte: Wolken, Luft, Wind und Sterne, es waren Himmelsspiele.

Sich treiben lassen

Ist das Wort Umherschweifen eigentlich noch gebräuchlich? Es scheint ausgebürgert zu sein in Zeiten, in denen es darauf ankommt, möglichst geradeaus zu leben. Und mit ihm ist die Fähigkeit verloren gegangen, sich treiben zu lassen, auch mal stehen zu bleiben und einfach nur zu schauen. Als ich vor einigen Jahren in einem Neubaugebiet lebte, konnte es passieren, dass ich die jüngste Erweiterung nicht mitbekam. »Eben noch war die Grube ausgehoben, schon ist der Bauschutt weg«, staunte ich, als ich an einem der neuen Heime vorbeispazierte. Grillgeruch. Gäste hielten auf dem frisch ausgerollten Rasen Gläser in den Händen. Dies war zu erkennen, weil der Garten zwar einen Zaun hatte, aber noch keine Sichtblenden angebracht waren.

Grillgeruch an einem Platz, wo eben noch wildes Gras wuchs? Ich musste an ein Quartettspiel aus Kinderzeiten denken. »Von Null auf Hundert«, lautete eine Rubrik. Gemeint war die Beschleunigungsfähigkeit des jeweiligen Autos. »In 5,7 Sekunden«, konnte mein Bruder mit Blick auf seine Quartettkarte antworten. Von der Baugrube bis zum Grillgeruch? Ich weiß nicht, in wie vielen Wochen oder gar Tagen es geschehen war. Die Antwort sah deutlich aus: Wer will, kann es sich sehr gemütlich machen. Und das schnell – dank eines klaren Zielbewusstseins.

Das rasant Errichtete reicht freilich noch nicht. Mit dem Bau eines Hauses hofft man auch, heimisch zu sein, ganz bei sich anzukommen. Aber ist man nun wirklich am Ziel und hat Ruhe gefunden? Offenbar hört das Suchen nicht auf. Denn man baut auch für das Auto ein Heim, einen Carport. So können die Eigenheimbewohner das Erreichte dank ihres Carportbewohners auch wieder verlassen. Viele Heimstätten bieten gleich mehreren Autos Unterschlupf, damit jeder Hausbewohner auch ganz für sich die ihm gemäßen Ziele erreichen kann. Das immer neue Verfolgen von Lebenszielen kann paradoxerweise ein Gefühl von Enge hervorrufen, obwohl man doch ständig unterwegs ist. Aber die nicht enden wollenden Ansprüche bedrücken. So entsteht der Wunsch nach Weite. Auf sie hofft man dann nicht selten im Urlaub, der zur Unterbrechung werden soll. Er kann eine Lücke in einem ansonsten lückenlosen Leben werden, ein großes Atemholen. Aber selbst im Urlaub werden oftmals Ziele ausgerufen: Da gibt es Ablaufpläne, Regeln und Aktivitäten. Und die Ruhe? Sie wird in zeitlich exakt bestimmte Erholungseinheiten platziert. Und um all das herum finden sich oft schon wieder Zäune. Dann nennt sich das Urlaubsgebiet Club oder Ferienpark.

Die Lücke, alles Unbestimmte, erzeugt eben auch Angst, gerade beim Reisen. Als man noch per Straßenkarte unterwegs war, konnte man sich manchmal auf einem nicht eingeplanten Weg wiederfinden. Inzwischen verfügen Autos über satellitengestützte Orientierungssysteme, um ohne Umweg ans Ziel zu kommen. Dem Bahnreisenden spuckt der Computer den schnellsten Weg aus. Die Reisezeiten verkürzen sich. Theoretisch betrachtet gewinnt man dadurch viel Zeit, was einen gelassen stimmen müsste. Doch das Gegenteil scheint der Fall zu sein: Wehe, es gibt eine einzige Unterbrechung! Der Zug hält an, alles scheint dann stillzustehen. Und ich fühle mich am falschen Platz, komme ins Überlegen: Ist mein Weg am Ende falsch?

Ein Leben mit Lücken beunruhigt. Das Mäandern auf Wegen abseits des straff gespannten Lebensfadens genießt überdies nicht gerade den Ruf der Nützlichkeit. Oder wird es nur deshalb als riskant betitelt, weil es ein Leben hinterfragt, das das Glück ausschließlich auf Schnellstraßen ansteuern will? Wer sich unterbricht, dem öffnen sich Seitenblicke. Sie bringen einen davon ab, stets zielbewusst vorwärtskommen zu müssen. Es ist allerdings kein einfaches Unterfangen, Lücken und Leerstellen auszuhalten. Da ist die lange Weile, ohne die das Gefühl großer Weite wohl nicht möglich ist. Das fordert beim Pilgern heraus. Und es fasziniert: Indem man nicht stur aufs Tempo drückt, schenkt sich ein Lebensgefühl, das jenseits der Enge beginnt.

Anders damals im Neubaugebiet. Selbst der Fahrradweg, der aus der Siedlung herausführte, versinnbildlichte das Lebensprinzip, nicht eine Sekunde zum Ziel hin abzugeben. Schnurgerade war der Weg ins Felderland gelegt. Es war also nicht jenes Radeln gefragt, das ich als Kind entdeckte, als man den Weg zu suchen hatte. Anstrengend war das – aber auch verführerisch. Die selbst gewählte Route war oft holprig, das Fahren mühsam. Aber sie führte durch Waldpartien, der Weg war mit überraschenden Kurven versehen. Der Radweg aus der Neubausiedlung heraus jedoch war eine sichtbar gewordene Zeitersparnis.

Trotzdem handelt es sich bei ihm noch immer um einen Weg für Fahrräder, also für jene Fahrzeuge, die es ermöglichen, in ein erfrischend ruhiges Leben zu weisen. Beim Fahrradfahren richte ich mich gelegentlich auf – und tue damit etwas, was streng genommen verboten ist: Ich trete in die Pedale, ohne die Hände am Lenker zu haben. Kein Helm ist auf dem Kopf, Fahrtwind weht durch die Haare. Ich werde langsamer, denn freihändig kommt man nicht so rasch voran. Ich sehe ab vom Weg. Nun verringert sich das Tempo noch weiter, die Hände müssen wieder an den Lenker. So schaue ich in die Landschaft, mein Ziel nicht fanatisch vor Augen. Und ich atme auf.

Das Tändeln mit dem Fahrrad kann daran erinnern, wie Jesus seine Wege ging. Er war keiner, der ein Haus baute, heiratete, eine Familie gründete, schnurgerade seine Ziele verfolgte. Auch die Apostel, die später auf seinen Spuren wandelten, waren Menschen, die nahezu immer unterwegs waren. Wenn ich an ihre Wege denke, spüre ich freilich wieder dieses eigenartige Getriebensein. Im Religionsunterricht hatten wir einst die Reisen des Apostels Paulus verfolgt. Wir lernten die Etappenorte auswendig. Unser Aufsagen ähnelte dem Deklinieren oder Konjugieren lateinischer Wörter im raschen Takt. Die große Anzahl der Reisestationen klang sportlich: Größer, weiter, schneller. Es wirkte wie ein Korsett. Allerdings: Paulus konnte auf seinen Wegen auch in die Irre getrieben werden, er steckte in Hafenstädten fest. Sein Reisen wurde von ungünstigen Winden unterbrochen, mehrfach erlitt er Schiffbruch. Davon abgesehen aber scheint mir: Die Apostel, wie Paulus einer war, häuften Predigten aufeinander, sammelten Gemeindegründungen und Reisestationen, als ob sie ein religiöses Leistungsabzeichen erringen wollten.

Jesus dagegen reiste ohne Hektik, lese ich in der Geschichte seines Lebens. Er ging zu Fuß. Natürlich: Auch Jesus bricht immer wieder auf, ist unterwegs. Aber doch eher so, als ob er die Orte nicht gezielt ansteuern wollte. Seine Botschaft war, im Unterwegs zu leben. Er ging am Ufer eines nicht gerade riesigen Sees entlang, fuhr auf ihm mit dem Schiff umher – doch was heißt schon Schiff, es war ein Fischerboot. Er war auch in Jerusalem, am Tempel, und kehrte doch wieder zurück in jene Gegend, die als provinziell gilt. Die Apostel reisten in ferne Länder. Jesus genügten die überschaubaren, heimatlichen Gefilde. Das Heilige Land, durch das Jesus wanderte, ist nicht groß. Die am weitesten voneinander entfernten Wegstationen könnte ein einigermaßen erfahrener Hobbywanderer in wenigen Tagen abgehen. Jesus aber spazierte zwischen ihnen vielleicht zwei Jahre lang hin und her. Damit ist klar: Sein Wandern hatte kein festes Ziel, zumindest keines, das durch Geradlinigkeit glänzen wollte. Er brach auf, kehrte immer wieder bei Menschen ein, um dann von Neuem aufzubrechen.

Oft steuerte er Menschen und Orte noch einmal an. Er hakte sie nicht ab, drängte sich nicht auf, es waren eher andere, die ihn drängten, als dass er ihnen ein zielgenaues Lebensprogramm hätte verpassen wollen. Das bedeutet nicht, dass Jesus keine Unruhe verbreitet hätte. Aber es war eine Unruhe, die ihre Ursache in einer tief gegründeten Ruhe hat. Sie ist jenen eigen, die sich treiben lassen können. Dabei verfolgte Jesus mit all seinem Spazierengehen und

Sich-treiben-Lassen trotzdem ein großes Ziel. Er sagte: Der Himmel beginnt bald. Um präzise zu sein: Nicht bald, sondern genau genommen auf der Stelle. Sofort. Also genau dort, wo ich gerade bin: »Siehe, das Reich Gottes ist mitten unter euch«, sagt er.

Das kann bedeuten: Der Himmel hat sich ausgebreitet, lange bevor ich irgendwelche Ziele festgesetzt oder errungen habe. Niemand muss in Richtung himmlisches Leben hasten. Es muss nicht erarbeitet, gezimmert oder in Stein gehauen werden. Das Reich Gottes braucht nicht als Rasen ausgerollt, mit Sichtblenden abgesichert oder als Urlaubsarrangement zielbewusst gebucht zu werden. Es verhält sich umgekehrt: Das Leben kann einen unversehens erwischen. Es ist da, indem in mir die Sehnsucht danach wächst, ein Gespür für sein Kommen zu entwickeln.

Was genau kann himmlisch sein? Wenn ich Leere, Lücken, Umwege und Weite nicht mehr unter Aufbieten aller Kräfte bekämpfe. Dann geschieht Überraschendes: Ich bleibe stehen. Und das Gefühl gewinnt in mir Raum, nirgendwo mehr hin zu müssen, sondern jetzt genau am rechten Fleck zu sein. Man kann überall damit beginnen, sich treiben zu lassen, auch in den rasant errichteten Neubausiedlungen. Wie auch Jesus weder in einem Palast noch in der Wüste aufgewachsen ist, sondern im durchschnittlichen Nazareth. Dort zeigt sich der Himmel. Vielleicht kann den Weg in die Freiheit hinein auch heute ein Nachbarskind lehren? Tatsächlich war es damals im Neubaugebiet ein gewöhnlicher Junge aus der Nachbarschaft, der mein Lehrer war. Aber was ist an Kindern schon gewöhnlich? Inmitten der mit Rasanz und Zielgenauigkeit verfolgten Lebensziele ließ er mich Weite spüren. Wir grüßten uns nicht, doch sein schweifender Blick war mir eines Tages aufgefallen.

Dieser Junge entführte mich, weil er selbst auf eigenartige Weise entführt zu sein schien. Ihn lockte kein Ziel, das er klar vor Augen hatte. Stattdessen war da seine Kunst, Fahrrad zu fahren, sah ich von der Wohnung aus. Immer wieder glückte es ihm, mein Arbeiten zu unterbrechen. Er hatte kein Ralleyrad, kein E-Bike, sondern ein gewöhnliches Rad, mit dem er jedoch ungewöhnliche Kurven und Wellen beschrieb. Das gelingt, wenn man sich auf dem Fahrrad treiben und es auslaufen lässt, bis eine wundersame Balance entsteht. Kurz bevor man absteigen müsste, kommen diese Schlangenlinien zustande – dank einer größtmöglichen Langsamkeit, die einen gerade noch so am Fahren hält. Es ist ein Reisen ohne Ziel. Man kostet die Langsamkeit voll aus, um kurz vor dem Torkeln innezuhalten. Diese Bewegung wirkt nicht getrieben, sondern kann jene erfassen, die bereit sind, sich treiben zu lassen.

Und wenn mein Lehrer erst zu Fuß durch die Straßen pilgerte! Dann entdeckte er die Welt als Abenteuer. Er ging nicht nur, sondern blieb oft stehen, manchmal minutenlang. Er blickte auf Pflastersteine, schien ein Muster zu erkennen, begann seine Schritte diesem Muster anzupassen, indem er von Pflasterstein zu Pflasterstein hüpfte. Dann wieder ruhte er an einer Straßenecke. Und ich suchte nach dem Zweck seines Schauens: Ist da ein Auto, ein anderer Mensch, nähert sich eine Katze? Nichts. Er nahm die Brille ab, kniff die Augen zusammen, hielt den Kopf leicht schräg. Was war denn da? Seine Augen verfolgten den Sonnenfleck an einer Wand. Und plötzlich sah ich es auch: Wie in den Sonnenfleck hinein der Schatten seltsame Figuren malte. Nicht nur er, sondern auch ich: Wir schauten in eine Weite, die die Freiheit ist.

Der Herr
segne
deine Augen,
dass sie den Horizont
nicht meiden.

Er segne
deine Seitenblicke
und den Nacken,
dass er beweglich bleibe
und dich aufwärts schauen lasse.

Er segne
Wolken,
Vögel,
Mücken
und die Winde:
Sie solln dich
tragen
und erheben,
vorwärtswehen
und immer weiter vorwärts
gehen lassen
in eine Weite,
die die Rückschau nicht vergisst.

Gott segne
deine Schritte,
die zögerlichen
und hüpfenden,
die vergeblichen
und mutigen.
Was immer dir entgegenkommt:
Es soll gesegnet sein.

4
Stille

Gott,
du Schöpfer aller Klänge,
höre
auf all die Stimmen,
die drinnen und draußen klingen,
in mir leben,
mich beleben,
in mir herrschen.
Dirigiere sie!
Lass jene frei,
die Raum und Weite brauchen.
Und bändige die,
die mich belagern
und bekriegen.
Wiege sie jetzt in den Schlaf.

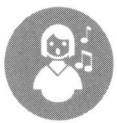

O Täler weit, o Höhen

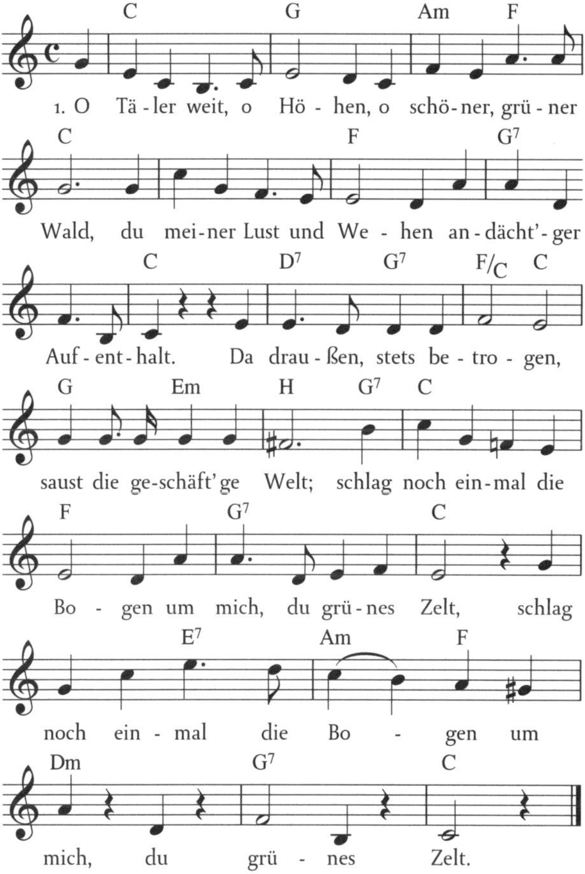

C G Am F
1. O Tä - ler weit, o Hö - hen, o schö - ner, grü - ner
C F G7
Wald, du mei - ner Lust und We - hen an - dächt' - ger
C D7 G7 F/C C
Auf - ent - halt. Da drau - ßen, stets be - tro - gen,
G Em H G7 C
saust die ge-schäft' ge Welt; schlag noch ein - mal die
F G7 C
Bo - gen um mich, du grü - nes Zelt, schlag
E7 Am F
noch ein - mal die Bo - gen um
Dm G7 C
mich, du grü - nes Zelt.

2. Wenn es beginnt zu tagen,
   die Erde dampft und blinkt,
   die Vögel lustig schlagen,
   dass dir dein Herz erklingt:
   Da mag vergehn, verwehen
   das trübe Erdenleid,
   |: da sollst du auferstehen
   in junger Herrlichkeit. :|

3. Im Walde steht geschrieben
   ein stilles, ernstes Wort
   vom rechten Tun und Lieben
   und was des Menschen Hort.
   Ich habe treu gelesen
   die Worte schlicht und wahr.
   |: Und durch mein ganzes Wesen
   ward's unaussprechlich klar. :|

4. Bald werd ich dich verlassen,
   fremd in der Fremde gehn,
   auf bunt bewegten Gassen
   des Lebens Schauspiel sehn;
   und mitten in dem Leben
   wird deines Ernsts Gewalt
   |: mich Einsamen erheben,
   so wird mein Herz nicht alt. :|

T: Joseph Freiherr von Eichendorff, M: Felix Mendelssohn Bartholdy

Ruhe in Gott

[Dem Chormeister, nach Jedutun, ein Psalm von David.]
Meine Seele ruht in Gott, |
von ihm allein kommt mir Hilfe.
Er allein ist mein Fels und mein Heil; |
er ist meine Burg, ich werde nicht wanken.
Wie lange noch bedroht ihr alle den einen, |
ihn zu stürzen wie eine Wand, die sich neigt, |
wie eine sinkende Mauer?
Wahrlich, sie wollen mich stoßen von meiner Höhe, |
sie, deren Freude die Lüge ist.
In ihrem Munde ist Segen, |
im Herzen aber tragen sie Fluch.
Meine Seele ruht in Gott, |
von ihm allein kommt mir Hilfe.
Er allein ist mein Fels und mein Heil; |
Er ist meine Burg, ich werde nicht mehr wanken.
Mein Heil und meine Ehre, sie sind bei Gott; |
Er ist der Fels meiner Kraft, ja, Gott ist meine Zuflucht.
Mein Volk zu allen Zeiten hoffe auf ihn, |
gießt aus vor ihm euere Herzen, |
denn unsere Zuflucht ist Gott.
Die Menschen alle sind nur ein Hauch, |
trügerisch sind die Kinder der Menschen.
Sie schnellen empor auf der Waage, |
allesamt sind sie leichter als ein Hauch.
Verlasst euch nicht auf Gewalt |

Und rühmt euch nicht des Raubes; /
und wachsen euere Güter, hängt euer Herz nicht daran!
Eines hat Gott gesprochen, /
zwei Dinge sind es, die ich vernahm:
Gott hat die Macht, /
und dein, o Herr, ist die Gnade. /
Du wirst einem jeden nach seinem Werk vergelten.

Psalm 62

Perlenkette

Wenn man als Gruppe unterwegs ist, einen Wegabschnitt
schweigend laufen. Dabei voneinander Abstand halten,
jeder sollte genug Raum für sich haben. Je mehr Abstand
man hält, desto besser einsehbar oder markiert sollte der
Schweigeweg sein, damit niemand verlorengeht. Obwohl
jeder für sich geht, lässt sich das Miteinander spüren: Man
kann sich als Perle einer Kette erleben. Dieses Bild zeigt
sich, wenn man bei einer Wegkehre, Steigung oder einem
Abstieg zurück- oder vorausschaut. Das Erlebnis der Stille
intensiviert sich, indem man bewusst auf Geräusche der
Natur achtet. Sie treten hervor. Ist man allein unterwegs,
kann man ebenfalls einen Wegabschnitt hervorheben. Dazu während einer bestimmten Passage einen Gedanken
oder Bibelvers kommen und gehen lassen, zum Beispiel:
»Sei stille im Herrn, und hoffe auf ihn.« (Psalm 37,7)

Lärmstufen

Was ist Stille? Mit naturwissenschaftlichen Methoden allein lässt sich das nicht beantworten. Sicher ist: Um tiefe Ruhe zu erleben, sollte es keinen Lärm geben. Doch auch dem Phänomen Lärm kommt man messtechnisch nur annähernd auf die Spur. In Gesetzestexten wird er als »unerwünschter Schall« definiert, was zeigt: Er enthält auch eine subjektive Komponente. So empfinden einige belebte Kinderspielplätze als Störung, andere erkennen in ihnen ein Konzert der Zukunft. Vom Klang der Kirchenglocken fühlen sich nicht wenige zum Gebet gerufen. Anderen verdirbt der Klöppel das Ausschlafen.

Ob ein Geräusch stört, hängt auch davon ab, was man gerade tut. Beim konzentrierten Arbeiten kann bereits eine halblaute Unterhaltung ablenken. Ein informationshaltiges Gespräch ist dabei störender als Musik. Wobei auch Musik nicht immer als Schwester der Geruhsamkeit erfahren wird. Es kommt darauf an, wer musiziert: »Lärm ist das Geräusch der anderen«, hat Kurt Tucholsky einmal notiert.

Trotz aller subjektiven Komponenten: Bei der Beschreibung von Geräusch, Lärm und Stille spielen physikalische Größen eine wichtige Rolle, darunter die *Tonhöhe:* Tiefe Töne werden in der Regel als angenehmer empfunden als hohe. Die *Impulshaltigkeit* ist zu beachten: Geräusche mit starken Pegeländerungen wie Hämmern sind eher störend als jene mit gleichmäßiger Lautstärke. Auch der *Schalldruckpegel* ist wichtig, die Maßeinheit ist Dezibel (dB). 10 dB Unterschied werden dabei als ungefähr doppelte oder halbe Lautstärke wahrgenommen. 0 dB – das ist die Hörschwelle des normal hörenden Menschen. Waldrauschen oder Flüstern liegen im Bereich bis 20 dB. Geräusche zwischen 20 bis 40 dB sind bereits gut zu hören, etwa das Ticken eines Weckers, das im Schlaf stören kann. Ein leises Radio erreicht den Bereich zwischen 40 und 60 dB, ein vorbeifahrendes Auto bis zu 80 dB. Geräusche im Bereich von 80 dB, wie ein Rasenmäher, können zu gesundheitlichen Langzeitschäden führen. Bis zu 100 dB erreichen vorbeifahrende LKWs, Motorsägen oder Winkelschleifer. Bei Dauerlärm droht dann der Gehörschaden. Bei 110 dB ist die Schmerzgrenze erreicht, Kreissägen und Presslufthämmer liegen in diesem Bereich. Es geht freilich noch lauter: Startende Düsenflugzeuge, Explosionen oder auch manches Rockkonzert erreichen mehr als 120 dB.

Mag die Unterteilung von Lärm in Stufen auch erhellend sein: Der Schalldruckpegel sollte stets in Kombination mit anderen Komponenten beachtet werden: So lässt sich ein stetig fallender Wassertropfen von der Dezibelzahl her betrachtet nicht als gesundheitsgefährdend einstufen. Anders sieht es da schon aus, wenn die hohe Impulshaltigkeit des Geräusches beachtet wird und man keinen Einfluss darauf hat, es abzustellen. Dann kann es sogar foltern, wie Curd Jürgens in dem Film »Schachnovelle« nach der gleichnamigen Novelle von Stefan Zweig eindrücklich zeigt.

Die vollständige Abwesenheit von Geräuschen wird aber auch nicht unbedingt als Wohltat erfahren. So wirken umgekehrt CDs mit Naturgeräuschen auf viele beruhigend, etwa das Gemurmel eines Bachs oder Vogelstimmen. Wenn ein ganz gewisses Geräusch fehlt, kann das sogar den Geschmack verderben: Es muss krachen, sonst fällt der Genuss flach, haben Akustikexperten in Bezug auf Kartoffelchips entdeckt.

Ist ein Leben ohne Lärm sogar gefährlich? Autos, die keine Geräusche machen, können in Aufruhr bringen. Elektroautos werden neuerdings mit Lärmgeräuschen versehen, damit weiterhin die Orientierung im Straßenverkehr gewährleistet ist. So verstören die Autos andere Verkehrsteilnehmer nicht mehr durch ihre Lautlosigkeit.

Aber braucht auch der Pilger das Geräusch fahrender Autos? Im Idealfall überquert er nicht allzu viele Straßen. So dürfte die Notwendigkeit von Autolärm für sein Gehen geringer ausfallen. Stattdessen kann man beim Pilgern die Stimmen der Natur nicht nur als beruhigende Audio-CD erleben. Im Wald werden außerdem von außen kommende Geräusche durch Stämme, Blätter, Nadeln und den weichen Waldboden gedämpft. Die Naturgeräusche im Wald selbst können allerdings eine erhebliche Lautstärke erreichen, sagen Forstwissenschaftler. Allerdings würden sie kaum als störend erfahren, sondern als beruhigend: Das Rauschen der Bäume bei heftigem Wind, das Quaken der Frösche, das Schrecken der Rehe. Darauf verweisen aber nicht nur Forstwissenschaftler, sondern auch Dichter. Der Schriftsteller Robert Walser hat das einmal so beschrieben: »Weg und Waldboden waren wie ein Teppich, und hier im Waldinnern war es still wie in einer glücklichen Menschenseele, wie in einem Tempelinnern, wie in einem Palast und verzauberten und verträumten Märchenschlosse«.

Abkehr

Wer zu pilgern beginnt, bemerkt: Schritt für Schritt fallen die An- und Aufregungen des sonst üblichen Lebens weg. Es wird still. Den Zustand, den man Wohlstand nennt, hat man verlassen. Eher befindet man sich in einem Wohl*erge-hen:* Man steht ja nicht, sondern geht. Anderen mag diese Bewegung als Rückschritt gelten: Es sei eine Abkehr von der Welt, in der das Leben heftig pulsiere. Doch wer in die Stille wandert, ist nicht allein. Er kann sich auf Vorbilder berufen. Das vermutlich Berühmteste ist Jesus von Nazareth. »Aber hat nicht auch er im Wohlstand gelebt?«, mögen manche einwerfen. Sozialgeschichtliche Untersuchungen hätten schließlich ergeben: Jesus habe in einem ehrenwerten Handwerk gearbeitet und sein Einkommen habe über dem Durchschnitt gelegen. Das aber interessiert die Evangelien kaum. Stattdessen erzählen sie von einem Reichtum, den der Mittelständler Jesus geschenkt bekam, als er in die Stille wanderte.

Und das tat er genau in dem Augenblick, da ihn ein enormes Renommee erwartete. Bevor Jesus ausscherte, wurde er nämlich von Johannes getauft: »Dieser wird größer als ich«, sagt der Täufer, ein alles andere als unbekannter Prediger. Der Himmel öffnet sich und der göttliche Geist senkt sich auf Jesus herab. Wohin leitet er ihn? In die Wüste, wo er 40 Tage bleibt. Der Vorhang hebt sich also, Jesus muss nur noch einen Schritt auf die Bühne hinaufgehen, wo Erfolg und Größe warten. Er aber unterwandert die Konvention, um einen Reichtum zu entdecken, den womöglich nur das Abseits bescheren kann.

Das kann jene aufhorchen lassen, die die Stille suchen oder unfreiwillig in abgelegene Gegenden geraten und nun nicht weiter wissen. Auch Jesus wusste nicht, was kommt. Die Wüste war nicht gemütlich, in der Bibel gilt sie als Gefahrenort. Allerdings kann einem Gott dort näher kommen als sonst. Was Jesus jetzt tut, ist – nichts zu tun. Er denkt nicht an den Wiedereinstieg ins tätige Leben, schreibt also keine Bewerbungen, knüpft nicht Kontakte, nein: er plant nichts, harrt aus – am Ende jener Welt, zu deren Selbstverständnis es gehört, dass ein Rückzug etwas für Verlierer ist. Jesus ist fern der Menschen und »war mit den wilden Tieren zusammen«, heißt es im Markusevangelium. Indem er in die Einsamkeit wandert, kann er sich entgrenzen. Da ist nicht nur das Nichts. Sondern? Stille, Andersartigkeit – und ein Faible für neue Dimensionen. Er gewinnt ein Gespür für Wesen, die man gewöhnlich nur aus Büchern und Erzählungen kennt.

Diese Erweiterung des Lebens stellt sich freilich nicht spielend ein. Sie muss errungen werden. Die Stille, auf die man stößt, ist auch nicht unbedingt jene Ruhe, die man sich oft wünscht – als Erholung inmitten von Lärm, der einen umspült. Stattdessen erwarten einen Kämpfe, die laut Matthäusevangelium sogar das Ziel dieses antizivilisatorischen Aktes sind. Der Geist habe Jesus nämlich in die Wüste geführt, »damit er von dem Teufel versucht würde.« Auch wer heute in die Stille gerät, kann heftige Stimmen hören: Ratschläge, Vorschriften, Spott und Lachen, dazu den eigenen Zweifel. Es ist das Echo der Geschäftigkeit, das in der Stille oft noch stärker als im tätigen Leben zu hören ist. Ist das wirklich ein Gewinn? Nur schwer kann man sich gegen diese Stimmen wehren. Jesus, der Ex-Mittelständler, schützt sich, indem er sich enthält. Das allerdings scheint ein Geschenk von extravaganter Art zu sein. Denn das Fasten lehrt ihn einen anderen Hunger. Sehnsucht wächst. Und die sonst oft überlagerte innere Stimme wird stark.

Der Widersacher freilich argumentiert gegen diese Stimme an – sogar mit der Bibel. Ein Leben ganz ohne Wüstenzeiten sei möglich, sagt er. Und er will Jesus ein Leben auf Engelsflügeln schenken. Auf Teufel komm raus wird da eine Welt verteidigt, in der alles »easy« sein soll. Auch das Pilgern, diese Outdoor-Erfahrung par excellence, wird heute oft als »in« gepriesen. Dabei kann man den Widerstand deutlich hören, wenn man sich dem Kampf um Wohlstand auch nur für wenige Tage entzieht: »Glaubst du, von Sehnsucht und Hunger leben zu können?« Jesu antwortet: Ja, das glaube ich.

Er lehnt es ab, sich auf den Händen der Engel durchs Leben tragen zu lassen. Ließe man das geschehen, betete man einen Versorgergott an. Es wäre ein Leben ohne Abseits, Stille und Gefahr. Verloren gingen damit aber auch Wüstenzeiten, jede Form von Ausbruch, Aufbruch, Umbruch – all das Signaturen Gottes, der sich in der Wüste als ein Freund tiefer Verwandlung zeigt. Wer 40 Tage oder länger im Abseits ausharrt, scheint aus Sicht der anderen am Ende zu sein. Dabei kann sich einem ausgerechnet dort ein Anfang schenken. Im Wohlstand, auf dem Marktplatz der Eitelkeiten und beim handelsüblich abgesicherten Austausch limitierter Freundlichkeiten kann man die innere Stimme kaum hören. In der Wüste kommt sie frei. »Da traten Engel zu Jesus und dienten ihm«, heißt es, als die 40 Tage zu Ende gehen. Und Jesus geht aus der Wüste hinaus. Was ist er jetzt? Ein Wanderer. Das Leben auf Engelsflügeln hatte Jesus abgewehrt. Nun kommen die Himmelswesen von sich aus, ungerufen. Und sie dienen einer Freude, die ohne die Erfahrung der Wildnis vermutlich nie geboren werden könnte.

Die Sprache der Stille

Wer in die Stille geht, folgt seiner Sehnsucht. Doch häufig ist da auch Respekt, manchmal sogar Angst im Spiel: Komme ich mit mir zurecht? Werde ich Kontakte verlieren, wenn ich für andere nicht mehr erreichbar bin? Dann aber reizt es doch, sein Leben zu unterbrechen und damit kaum zählbare Stimmen und Erwartungen abzuschütteln. Man wandert dem Anspruch davon, immerzu eingebunden sein zu müssen. Schritt für Schritt entsteht eine Distanz zum Klang des Alltags. Was man zurücklassen will, ist klar. Wo aber genau gerät man eigentlich hin? Das Pilgern kann sich anfühlen wie ein Gehen ins Niemandsland. Natürlich gibt es Wegmarkierungen, man hat in der Regel einen Plan, steuert Unterkünfte und Einkehrstätten an. Und Pilgerwege haben stets ein Ziel: Jerusalem etwa, Santiago de Compostela oder Rom. Selbst der kaum mehr als eine Stunde währende Franziskusweg in der Rhön endet nicht im Nirgendwo, sondern an seinem Ausgangspunkt. Und doch: Wer gewohnte Bahnen verlässt, kann niemals genau sagen, was mit ihm geschehen wird. Wird man neue Töne hören, wird meine Stimme sich verwandeln, werde ich verstummen?

Es hilft, auf Menschen zu schauen, die diesen Weg bereits gegangen sind. Ihre Erfahrungen ragen heraus, man erzählt sich von ihnen heute noch. Sie geben allerdings nicht in dem Sinn Orientierung, dass man ihr Leben kopieren müsste. Das ginge auch gar nicht, weil sie viel zu originell, abenteuerreif und einzigartig lebten. Trotzdem hatten auch sie Vorbilder, nicht zuletzt Jesus. Sie alle zogen aus, um die Süßigkeit des Schweigens zu suchen. Asketen nennt man sie. Sie ließen etwas weg. Der Verzicht aber wirkt kostbar. Und das, wo ihr Leben auf den ersten Augenschein nicht glanzvoll ist. Denn sie pilgerten in die Wüste.

Der Überlieferung nach ist Antonius der erste: Es war im 3. Jahrhundert, als er abseits der gewohnten Welt die Stille suchte und aus dem fruchtbaren Nildelta in die ägyptische Wüste zog. In seiner Kindheit wehrte und sträubte sich Antonius gegen schulischen Erfolg, wird in der *Vita Antonii* erzählt. Ist Antonius also ein Außenseiter, Spinner oder Anarchist? Manche mögen das so sehen. Sein Aufbruch aber ist keine Kurzschlussreaktion. Er ist auch kein Lernverweigerer, sondern geht fleißig in die Schule – bei Einsiedlern, die am Rand der gewohnten Welt leben. Antonius arbeitet hart, liest viel. Wie die von ihm erkorenen Lehrer lebt er nun auf der Grenze. Dann aber geht er aufs Ganze, bricht erneut auf, geht in die Wüste, die Stille, ins Abseits. Da lebt einer nur noch für sich – und mit Gott, der allerdings ein nicht ganz üblicher Gefährte ist.

Wer heute Stille sucht, tut es meist für Minuten, Stunden, Tage oder Wochen. Antonius hielt 20 Jahre Abstand von der Welt. Er ist aber kein Meister der Stille, wenigstens nicht in dem Sinn, dass er gewusst hätte, wie man meditationstechnisch alles richtig macht. Das kann aufmerken lassen, weil es auf andere Art meisterhaft ist: Er lebt mit der Unsicherheit. Sein Leben ist eine leidenschaftliche Suche.

Da sind Stimmen, die ihn bedrängen: wilde Tiere, Kämpfe, Träume von nackten Frauen. Was hat dies mit dem heutigen Wunsch zu tun, in das Geheimnis einer Stille zu treten, die tragen soll? Es lässt sich übersetzen: Auch wer heute ins Abseits geht, kann viel zu hören bekommen – zum Beispiel: »Wenn du es dir leisten kannst.« Einige halten einen womöglich auch für überheblich und unsozial, weil man sich entfernt und bei den üblichen Geselligkeiten fehlt. Da sind Anfragen, die nicht einfach von der Hand zu weisen sind: »Stiehlst du dich davon?« Man fragt sich das vielleicht auch selbst: Statt zu pilgern könnte ich mich engagieren, besser einbinden, vernetzen, Position ergreifen und für andere eintreten? Stattdessen wagt man es, sich selbst zu genügen. Und geht auf die Suche nach einer anderen Dimension. Nur was genau hat es mit dieser anderen Dimension auf sich? Schon wieder eine Stimme, die bedrängen kann. Denn das ganz Andere ist nicht gerade leicht erklärbar, kaum fassbar oder vorzeigbar. Das aber zieht auch an.

Wer pilgert oder sich ins Leben der Asketen vertieft, wird bemerken: Die Abkehr von der Welt ist letzten Endes ein Weg zur Welt. Das ist die überraschende Pointe: Ausgerechnet der Abstand ist es, der Antonius das Leben entdecken lässt. Der Asket verteufelt nicht die Welt, die er hinter sich gelassen hat. Sie öffnet sich ihm auf neue Weise. Zwischen der gewohnten Lebenslandschaft und der Wüste kommt es zu fruchtbaren Wechselwirkungen.

Antonius wird Altvater oder Abba genannt. Ein Ehrentitel, der nun nicht gerade davon zeugt, dass jemand beziehungslos lebt. Auch wer heute pilgert oder sich ins Abseits wagt, kann Autorität gewinnen. Sie gesellt sich womöglich in dem Augenblick zu einem, da man den üblichen Gesellligkeiten abgesagt hat. Denn da ist ja nicht nur das Kopfschütteln der Zurückgelassenen, sondern auch deren Neugier. Man ist gefragt, soll erzählen und kann auch etwas erzählen. Es geschieht allerdings nicht, wenn man pilgert, um dadurch anderen endlich einmal etwas erzählen zu können. Jedenfalls: Auch wenn man in die entlegenste Gegend gerät, ist die Welt nicht verlassen. »Es gibt keine Provinz«, sagt der Theologe und Schriftsteller Arnold Stadler. Denn: »Überall ist Welt.« Das Abseits kann sogar eine der notwendigsten Landschaften überhaupt sein. Dort wendet sich Not, die Hoffnung ruht aus, findet Atem, bekommt eine neue Farbe. Warum sonst sind Pilgervorträge gut besucht? Wer ausgewandert war, ist zurück und erzählt von der Fremde und Ferne – auch und gerade jenen, die nicht mehr gehen können. Und die Zurückgelassenen bemerken: Die Ferne und das ganz Andere, es lebt auch in mir.

Antonius damals war allerdings kein Vortragsreisender. Er hatte keine Multimediashow im Gepäck, lebte nicht fürs Publikum. Es gab weder Vortrag noch Gespräch – oder doch? Ganz anders war es nicht, was sich nach seinem Einzug in der ägyptischen Wüste allmählich entwickelte. Wer in die Wüste zog, blieb nämlich nicht allein. So abseitig war das Abseits also nicht. Jeder lebte nach wie vor für sich, aber es kam zu einem ungewöhnlichen Austausch. Ihn bezeugen die sogenannten Apophthegmata Patrum. Dabei handelt es sich um eine Sammlung besonderer Worte von Wüstenvätern und Wüstenmüttern. Diese waren nicht Pilger, die für Tage oder Wochen aufbrechen, um ein Ziel anzusteuern. Sie bauten sich Hütten, manche verschanzten sich sogar. Und dennoch waren sie in Bewegung, indem sie ins Abseits und ins Schweigen aufgebrochen waren.

Es war keine Flucht! Oder wenigstens nicht nur. Wie ohnehin auch eine Flucht nicht verantwortungslos sein muss. Es kann sich dabei nämlich um ein »Nein« handeln, in dem die Sehnsucht steckt, endlich einmal wieder aus vollem Herzen »Ja« sagen zu können. Im Fliehen zeigt sich nämlich jenes Übermaß an Energie, ohne das alles und auch man selbst immerzu am selben Fleck bliebe.

In den Worten der Wüstenmütter und Wüstenväter finden sich Anekdoten, prägnante Lebenshilfe, Parabeln oder Dispute. All das ist alphabetisch geordnet, nach den Namen der Wüstenväter und Wüstenmütter, also nicht inhaltlich systematisiert. Damit gibt es keine wohlorganisierte Stufenlehre, mit der man Schritt für Schritt das korrekte Leben in der Stille erklimmen könnte. Die Lektüre lässt sich mit jedem dieser Worte beginnen und an jeder beliebigen Stelle fortsetzen. Ein Ende ist nicht in Sicht. So öffnet sich ein Land der Freiheit, in der die Neugier heimisch ist. Da lebt die Lust am Fragen, das zu Antworten führt, die wieder zu neuen Fragen führen.

Jeder Einsiedler lebt für sich in dieser Wüstenstille. Aber man geht spazieren, trifft sich zufällig, kommt ins Gespräch. Und in die Wüste pilgern auch Menschen aus der Welt, die die Asketen eigentlich zurückgelassen haben. Sie kommen in der Stille zu Besuch. Später, ist überliefert, seien das zuweilen sogar Massen gewesen! Nicht nur in der ägyptischen Wüste, sondern auch in anderen Landschaften, in die sich Asketen zurückgezogen hatten. An Feiertagen pilgert man in diese abgelegenen Gegenden. Da sollen Wunder geschehen sein, phänomenale und kuriose Dinge. Wegen all der Besucher suchen die Asketen sich nun auch Platz auf Säulen oder Bäumen, wo sie lange bleiben und nicht nur schweigen. Die Wortlosigkeit in der Wüste, mit der alles begonnen hatte, war nicht der Weisheit letzter Schluss, sondern ein Anfang. Wie da mit einem Mal gesprochen wird! Es sind Worte, die ihre Kraft aus der Stille ziehen: Selbstgespräche, Gespräche mit Gott, Gespräche unter denen, die suchen und sich besuchen. Dabei schauen die Wüstenbewohner nicht auf jene herab, die in den gewohnten Lebensvollzügen bleiben. So sagt Antonius einmal von einem Arzt in der Stadt, dass dieser von Gott genauso geehrt und weise sei wie ein Abba in der Wüste.

Viele der Sentenzen aus den Apophthegmata Patrum beginnen so: »Sage mir ein Wort, wie ich gerettet werde.« Dieses *Gerettetwerden* kann aber auch *Sich-Retten* heißen: »Sage mir ein Wort, wie ich mich rette.« Das Schillern der Bedeutung zeigt: Die Stille kann eine unvergänglich starke Weisheit schenken. Sonst würde man nicht jene nach Rettung fragen, die in der Einsamkeit der Wüste leben. Man kann freilich auch auf diese Weisheit zugehen, in sie gleichsam hineinpilgern. Man muss dafür weder Amma noch Abba sein, nicht Jahrzehnte im Abseits leben, gibt diese Sammlung jahrhunderteralter Worte zu verstehen. Sondern jeder, der auch nur für kurze Zeit in die Stille geht, kann ein Wort der Stärke erfahren. Nur sind diese Worte nicht ganz gewöhnlich, was damit zusammenhängen dürfte, dass die Stille auf faszinierende Weise gefährlich ist. In der Wüste treten Fragen hervor, auf die man keine Antwort hat, keine haben kann, heute wie damals: »Warum ist der geliebte Mensch gegangen?« Die Stille erlaubt es, dass solch eine Frage zu ihrem Recht kommt, ohne dass sie mit Beschwichtigungen zugepfeffert wird. Die Zeit für sich und Gott, das Abseits und das Sprechen mit anderen inmitten der Stille befreien. Und die Welt, die einen einzuengen schien, öffnet sich nun auf neue Weise. Man lernt ein Miteinander kennen, weil das Leben nicht abgeschlossen ist. So lautet eines der aufregendsten Worte, die in der Wüste geboren wurden, in die Antonius aufgebrochen ist: »Einmal kamen Altväter zum Altvater Antonius, und unter ihnen war auch der Altvater Joseph. Antonius wollte sie prüfen, legte ihnen ein Wort der Schrift vor und begann, sie, von den Jüngern angefangen, zu fragen, was das Wort bedeute. Jeder gab Antwort, je nach seinem Vermögen. Der Greis sagte zu jedem: Du hast es noch nicht gefunden. Zuletzt sprach er zum Altvater Joseph: Was sagst denn du, dass dieser Spruch bedeute? Seine Antwort war: Ich weiß es nicht. Da sprach der Altvater Antonius. Wahrhaft, Altvater Joseph hat den Weg gefunden, indem er sagte: Ich weiß es nicht.«

Der Herr segne
und umhülle dich.
Er schütze dich vor denen,
die dir deine Stimme neiden
und sie verdecken wollen.

Er verberge
und verhülle sich,
er kehre bei dir ein
und zeige sich in dir.

Er gebe
dir den Mut,
stillzustehen
und nach innen zu sehen.

Gott sei
der Schlussakkord,
das Ende von Lärm und Schrecken,
ein befreiendes Verklingen.
Er beruhige dich
und ruhe in dir.

Er gebe Frieden.

5
Stab

Gott,
gib mir nicht zu wenig,
sondern viel,
am liebsten will ich alles:

Gib starke Beine,
klare Blicke
und den Mut,
mich umzudrehen
und auch wieder weiterzugehen.

Gib Kraft,
wenn die Kräfte sich verlaufen haben
und meine Beine wacklig werden.
Öffne deine Hände.

Nicht wenig
wollen meine Hände greifen,
sondern viel,
am liebsten alles:
Nimm mich an die Hand.

Mein Hirt ist Gott der Herr

1 Mein Hirt ist Gott der Herr, er will mich im-mer wei-den, da-rum ich nim-mer-mehr kann Not und Man-gel lei-den. Er wird auf grü-ner Au, so wie ich ihm ver-trau, mir Rast und Nah-rung ge - ben und wird mich im-mer-dar an Was-sern still und klar er - fri - schen und be-le - ben.

2. Er wird die Seele mein mit seiner Kraft erquicken,
   wird durch den Namen sein auf rechte Bahn mich
   schicken,
   und wenn aus blinder Wahl ich auch im finstern Tal
   weitab mich sollt verlieren, so fürcht ich dennoch nicht;
   ich weiß mit Zuversicht, du, Herr, du wirst mich führen.

3. Du wirst zur rechten Zeit den Hirtenstab erheben,
   der allzeit ist bereit, dem Herzen Trost zu geben.
   Dazu ist wunderbar ein Tisch mir immerdar von dir,
   o Herr, bereitet, der mir die Kräfte schenkt,
   wann mich der Feind bedrängt, und mich zum Siege leitet.

4. Du hast mein Haupt getränkt, gesalbt mit Freudenöle,
   den Kelch mir eingeschenkt, hoch voll zur Lust der Seele.
   Herr, deine Gütigkeit wird durch des Lebens Zeit
   mich immer treu begleiten, dass ich im Hause dein
   fest möge wohnhaft sein, zu ewiglichen Zeiten.

*T: nach Caspar Ulenberg 1582 nach Ps 23; M: Johannes
Hatzfeld 1948 nach Caspar Ulenberg 1582, © C. F. Peters /
Edition Schwann, Leipzig, London, New York*

Der Herr ist mein Hirte

[Ein Psalm von David.]
Der Herr ist mein Hirte, ich leide nicht Not; /

5. Stab

Auf grünender Weide lässt er mich lagern.
Er führt mich an Wasser der Ruhe, |
Erquickung spendet er meiner Seele.
Er leitet mich auf dem rechten Pfad, |
getreu seinem Namen.
Und muss ich auch wandern im finsteren Tal, |
ich fürchte kein Unheil, denn du bist bei mir.
Dein Stock und dein Hirtenstab, |
die geben mir Zuversicht.
Du hast einen Tisch mir bereitet |
Vor den Augen der Feinde.
Du salbtest mein Haupt mit Öl, |
mein Becher ist gefüllt bis zum Rand.
Es geleiten mich deine Güte und Huld |
Durch alle Tag des Lebens.
Und wohnen darf ich im Hause des Herrn |
solange ich lebe.

Psalm 23

Wanderstock und Pilgerstab

Der traditionelle Pilgerstab ist ein einzelner. Das ist anders als heute beim Wandern, Bergsteigen und Pilgern, wo häufig zwei Stöcke verwendet werden. Die paarweise Variante wurde erstmals 1974 entwickelt, in Anlehnung an Skistöcke aus Holz gefertigt. In den 1990er-Jahren wurden sie von in der Länge verstellbaren Metallstöcken verdrängt, den sogenannten Teleskopstöcken. Sie ermöglichen eine höhere Trittsicherheit, auch werden die Knie beim Abstieg entlastet. Wer sie zu oft nutzt, kann an Trittsicherheit aber auch verlieren, weil der Gleichgewichtssinn weniger gefordert ist.

Weil man eine Hand frei hat, dürfte sich der solistisch auftretende Wanderstock bis heute erhalten haben. Man findet ihn nicht nur unter traditionsbewussten Pilgern, sondern auch unter fahrenden Handwerkern, wo er Stenz genannt wird. Dabei handelt es sich um einen knotig verdrehten oder spiralförmig gewachsenen Ast oder jungen Stamm. Während des Wachstums wird er von einer Schlingpflanze umschlungen. Da diese nicht dehnbar ist, wächst der Ast aus der Fesselung heraus. So kommt es zu den typischen Auswulstungen. »Einen Stenz kann man nicht finden«, heißt es unter fahrenden Handwerkern, »sondern der Stenz findet seinen Besitzer.«

Viele Wanderstäbe sind geschnitzt, oft aus Haselnussholz. Dazu eignen sich junge Stämme, weil sich dann das Wurzelholz am Stammansatz als Knauf verwenden lässt. Der Griff kann freilich auch zu einem Rundhaken geformt sein, was ihn dem Spazierstock ähnlich macht.

Auch unter Hirten ist ein Stab verbreitet, um wilde Tiere abzuwehren. Als Krummstab ist er bis heute unter Bischöfen üblich. Seinen Ursprung hat er im Alten Ägypten, wo er Insigne von Pharaonen und Gottheiten war. Laut altägyptischem Totenbuch herrschte Osiris mit dem Krummstab über die Toten. Er besaß die Macht, über den Eintritt ins Jenseits zu entscheiden. Der Krummstab diente im Alten Ägypten aber auch als Werkzeug, um Tiere heranzuziehen. So bildet der altägyptische Hirtenstab die Vorlage, die bis heute im Bischofsstab fortlebt. Im 4. Jahrhundert erteilte

Kaiser Konstantin den Bischöfen die Erlaubnis, einen dem Augurenstab ähnlichen Stab als Zeichen geistlicher und weltlicher Rechtsprechung zu tragen. So gehört der Krummstab neben Mitra, Bischofsring und Brustkreuz zu den Insignien des Bischofs. Er besteht aus einem Schaft und der an seinem oberen Ende anschließenden sogenannten Krümme, die meist aus vergoldetem Silber oder Kupfer besteht. An die Stelle der Krümme tritt beim Papst das Kreuz. Zu den ersten Erwähnungen zählt der Hirtenstab, den der Erzbischof von Canterbury dem Abt Theodor von Canterbury verlieh. Erstmals bezeugt wurde der Amtsstab um das Jahr 600 bei der Weihe des Heiligen Kolumban von Luxeuil.

Von Pilgern verschiedener Religionen werden brust- bis übermannshohe Wanderstöcke verwendet. Der Pilgerstab wurde auch als Waffe gegen Straßenräuber und Hunde verwendet. Jakobus der Ältere, der Schutzpatron der Pilger, wird oft mit Stab abgebildet. Der Stock gilt neben Hut, Pilgertasche und Pilgermuschel als sichtbares Zeichen der Jakobspilger. Im Mittelalter wurde er während des Pilgersegens überreicht. Im Jakobsbuch aus dem 12. Jahrhundert wird er als »dritter Fuß« bezeichnet, symbolisiert die Dreifaltigkeit und soll dem Wallfahrer geistlichen Halt geben.

Werfen, Schwingen, Schlagen

»Ich halte den Stab, der mir Halt gibt.« Diesem Gedanken beim Gehen mit Stab nachsinnen. Wer freihändig geht, kann dazu als zeitweiligen Begleiter einen Ast auflesen. In einer Pause lassen sich beide Hände auf den Stab legen. Man stützt sich auf ihn, geht um ihn herum, dehnt den Rücken oder hüpft – der Stab sollte stabil sein! – hoch und verlagert sein Körpergewicht dabei kurzzeitig auf den Stab.

Der Stab ist auch das Werkzeug von Zauberern. Glaubt man Märchen, Mythen und Sagen, verweist er auf eine Leichtigkeit, die das Blickfeld weitet. Spielerisch lässt sich dem mit folgender gymnastischen Übung nachsinnen, die etwas von einem Zauberkunststück hat: Den waagerecht liegenden Stock schräg nach oben in die Höhe werfen, loslaufen und hoch wieder auffangen. Damit der Stab waagerecht in der Luft liegt, muss er mit beiden Armen gleichzeitig und mit gleicher Dynamik abgeworfen werden. Die Wurfweite so wählen, dass der Stab nach dem Laufen sicher gefangen werden kann, also ihm nicht hinterherrennen.

Ursprünglich war der Hirten- und Pilgerstab auch zur Abwehr von wilden Tieren gedacht. Gut, wenn einem auf dem Weg keine begegnen. Freilich gibt es genug Begebenheiten im Leben, auf die kein Mensch dauerhaft sanft, kultiviert und immerzu nett reagieren kann. Auch dabei hilft der Pilgerstab, weil es nicht gesundheitsfördernd ist, Aggressionen in sich zu kasernieren. Gefühle wie Ärger und Wut freilassen: Den Stab dazu energisch durch die Luft sausen lassen oder mit ihm auf Gegenstände hauen.

Ein drittes Bein

»Man muss auf eigenen Beinen stehen – kraftvoll und sicher!« So lautet ein verbreitetes Ideal. Wer es erfüllt, dem ist der Boden unter seinen Füßen zur Heimat geworden, heißt es. Also gilt es zu trainieren. »Zieht die Schuhe aus und erhebt euch von den Stühlen«, kann man in meditativen Kursen hören. Und weiter: »Stellt die Füße fest auf den Boden! Nun lasst langsam von den Fußsohlen aus Wurzeln in den Boden wachsen.« So lässt man von den Füßen aus Wurzeln durch die Wolle der Strümpfe wachsen. Sie treiben weiter durch den Teppichboden des Kursraums, sodann durch den Steinboden oder Beton und gegebenenfalls noch durch weitere Stockwerke tief in die Erde. Zum Baum geworden hört man: »Selbst wenn ein Sturm blasen würde, kann dich das nicht umwerfen.«

Verwurzelt sein – das ist eine Grundsehnsucht. Wem es gelingt, fest auf eigenen Füßen zu stehen, der findet einen guten Platz im Leben, wird versprochen. Und wer fest steht, kann auch gut sitzen. Oder er wechselt beruflich von Sessel zu Sessel. Und die Lehne soll dann möglichst höher werden. Sicher zu stehen, ist aber nur *eine* Grundsehnsucht des Lebens. Sonst gäbe es das Gehen und Pilgern nicht. Oder anders gesagt: Das Pilgern kann als Suchen nach einer anderen Sicherheit verstanden werden. Und diese Sicherheit lässt einen beweglich sein.

Als Gott Mose rief, stand der Kleinviehhirte nicht sicher auf der Erde. Er hatte es auch nicht in einen ehrenwerten

Sessel gebracht. Er galt in Midian, wohin er von Ägypten aus geflohen war, als Neubürger. Bleiben und Wurzeln schlagen, das wollte er nicht, auch wenn er die Tochter des dortigen Priesters geheiratet hatte. Aber welche Möglichkeit hatte er, von Midian fortzukommen? Gott sagte ihm, er solle die Hebräer befreien und in die Geborgenheit lotsen, in ein wunderbares Land. Sie waren Sklaven und damit auch nicht recht ansprechbar für den Kursinhalt »Wurzeln treiben«: Sollten sie das Land ihrer Peiniger denn zur Heimat erklären? Das wäre zynisch gewesen. Mose, der Hirte, war von Gottes Ansinnen freilich irritiert: Warum sollte ausgerechnet ihm, also einem nahezu haltlos Wirkenden, das gelingen? »Was hast du da in deiner Hand?«, fragte Gott. »Er sprach: Einen Stab.«

Einen Stab? Damit war sichtbar: Moses Füße würden keine Wurzeln in die Erde treiben. Auch fest und freihändig zu stehen, war nicht gefragt. Stattdessen sollte eine Stütze zum Symbol des Aufbruchs werden. »Wirf den Stock auf den Boden!«, sagte Gott. Da fing dieser an zu leben. Denn aus dem Stock war eine Schlange geworden. Mose erschrak: Was war das für ein Zauber?! Als er das Tier am Schwanz zu fassen bekam, wurde es wieder zum Stab in seiner Hand. Es war seltsam, fremd und rätselhaft. Deutlich aber war Gottes Wille: Ihr seid kein Volk von Sitzenbleibern.

So brach Mose mit seiner Familie nach Ägypten auf, wo es ihm gelang, dank des Stabes viele Wunder zu tun. Mücken schwirren heran, Stechfliegen tauchen auf. Eine Froschplage kommt, Hagel, Donner, Blitz, die Pest und vieles mehr. Die Unterdrücker aber ließen die Sklaven nicht frei. Pharao auf seinem über allem thronenden Sessel begriff nicht, dass da jemand auf ein lebenslanges Sitzen verzichten und stattdessen lieber pilgern will. Die ägyptischen

Zauberer jedoch staunten über den Stab in Moses Hand: »Das ist Gottes Finger.«

Dass ein Stab magisch sein kann, habe ich als Kind erlebt. Mein Bruder nahm einen feinen Stock aus dem Kasten, es war ein Zauberkasten. Stetig übte er. Endlich hieß es: Vorhang auf! Mancher Kartentrick gelang, anderes nicht ganz: Wir Kinder folgten der Darbietung skeptisch. Denn nicht immer gilt der Zauberer im eigenen Land. Wir wollten ihn der Trickserei überführen. Doch es gelang nicht recht. Der Stab behielt seine magische Aura. War auch er ein göttlicher Finger? Manchmal wagte ich den Kasten zu öffnen, was nicht ungefährlich war. Denn ein gemeinsames Leben im Kinderzimmer trägt kommuneähnliche Züge, was erbitterte Debatten über den Umgang mit Privatbesitz zur Folge haben kann. Auch deshalb nahm ich den Stab vorsichtig, fast ehrfürchtig in die Hand. Er war schwarz lackiert, schmal und elegant, fühlte sich an wie eine Zärtlichkeit. Er erzählte von einem Zauber, der hinter der bloßen Sichtbarkeit beginnen kann. »Simsalabim«, flüsterte ich. Während das Stabende einen sanften Looping in die Luft beschrieb, wirkte das Zauberwort: Ich träumte. Aber wovon? Ich sah den Aufbruch in die Schule, den Weg in die erste Klasse hinein und dann weiter, immer weiter in die Welt hinein, in eine große, weite Welt. Vorsichtig legte ich den Stab in den Kasten zurück.

Gott gab dem Mose seinen Finger in die Hand, um ihn Großes träumen zu lassen. Doch der Stab kann nicht nur ihm, sondern jedem dienen, der seine Hand ausstreckt und sich nach Geborgenheit sehnt, weil es sich gegenwärtig nicht gut sitzen, stehen oder Wurzeln treiben lässt. Einen Stab bei sich zu haben, hilft nämlich nicht nur dem Anführer einer Wanderbewegung. Jedem kann er als Stock und Stütze dienen. Auch das ist eine Idee Gottes: Als die Plagen in Ägypten nicht aufhörten, wurden die Israeliten aus dem Land gedrängt. Man floh in der Nacht. Da war keine Zeit, um Brote für die Wanderung zu schmieren, stattdessen trug man den rohen Teig, der noch nicht durchsäuert war, mit sich, in Mäntel gewickelt. Bei der ersten Rast buken die Pilger ein trocken schmeckendes Brot. Es war die Speise jenes Festes, das fortan als Ende des Sitzenbleibens gefeiert wurde: »Um eure Lenden sollt ihr gegürtet sein und eure Schuhe an euren Füßen haben und den Stab in der Hand und sollt es essen als die, die hinwegeilen; es ist des Herrn Passa.« (Exodus 12, 11)

Der Stab kommt mit, weil es unterwegs nicht nur gemütlich ist. Ängstlich und fahrig werden die Pilger gewesen sein, nicht souverän und sicher. Und doch machte sie auch wieder die Hoffnung stark, dass etwas anderes als Knechtschaft auf sie wartet. In dieser Nacht, in der sich am Horizont die Freiheit abzeichnete, sah man keine Helden. Selbst wenn es sich in meditativen Seminaren trainieren lässt, wird man nicht immerzu mit freien Händen stehen können. Beim Aufbruch in die Geborgenheit wurden keine Wurzeln in die Erde getrieben, denn der ägyptische Boden war nicht heilig, eher schon jener, den die Füße der Hebräer während ihres Wanderns berühren sollten.

Das von Gott geliebte Volk hatte keine Sicherheit, weder einen festen Wohnsitz noch einen Sessel, nicht mal Campingstühle. Kein Kuchen oder Pausenbrot befand sich in ihren Taschen. Dafür lockte ein wunderbares Land. Es war versprochen, lag aber hinter dem Horizont. Selbst für Weitsichtige war es nur zu erahnen. Mose aber hatte ihnen davon erzählt. Nur wird auch das nicht souverän geklungen haben. Denn er galt als einer, der keine glatten, schnellen Sätze von sich gab, weil er eine schwere Sprache und Zunge hatte.

Egal! Jeder Hebräer hatte einen Stab fest in der Hand. Anders als Moses Zauberstab konnte man damit allerdings keine Wunderdinge vollbringen. Oder doch? Er erzählt von einer Sicherheit, die etwas anderes als das Ideal ist, alles selbst zu können. Er kündet von der Freiheit inmitten der Haltlosigkeit.

Der Stock gleicht einem dritten Bein oder einer Krücke. Umkrallen lässt er sich, wenn man gebeugt und müde ist. Der Stab kann wie ein Geländer sein, das einen stützt und leitet. Wer nie aufbricht oder sich immer sicher fühlt, lacht vielleicht darüber und sagt: »Wer einer Krücke bedarf, hat ein Defizit.« Aber die am Stock durchs Leben gehen oder im Rollstuhl fahren, sagen häufig anderes, nämlich: »Niemand steht allein auf seinen Füßen oder wird auf ihnen ewig stehen.« Und gerade sie, die sich dazu bekennen, nicht haltlos leben zu wollen, haben oft eine zauberhafte Haltung. Sie erzählen davon, dass der Boden wacklig werden kann. Sie ahnen eine Festigkeit, die in dem Land gründet, das sie erahnen. Die Lahmen und Verwundeten, die Gebeugten und Gestauchten freuen sich, dass noch etwas kommen kann: Gott reicht seinen Finger, der ihnen einen Weg weist, der nicht immer sicher ist. Wer den Stock ergreift, kennt noch ein Begehren. Wer jeden Stab verweigert, wandert niemals los, er wird auf dem immergleichen Flecken Erde bleiben. Er muss, was ist, zur Heimat erklären, selbst wenn er sich dort gefangen fühlen sollte. Die jedoch das Fest des Aufbruchs feiern, verklären nichts. Passa wird in Erinnerung an jene Nacht begangen, als der Stab tröstete, weil er sichtbar machte, dass der Mensch nicht dazu geboren ist, sich mit allem zu arrangieren.

Es war ein Aus- und Aufbruch aus der Lüge, die die Ägypter ihnen in die Ohren legten: »Hier, bei uns, ist euer

Wohlstand, da werdet ihr versorgt, da könnt ihr sicher stehen.« Die Pilger aber sprachen: »Das Leben, wie es ist, kann nicht alles sein.« In der Hand der Stab, ein Geländer, ein drittes Bein. Er stützt, schwingt beim Gehen aus, sticht vor einem in den Boden ein. So brachen die Hebräer auf – nicht mit leeren Händen.

Zeichen der Liebe

Wer Halt sucht, wird kaum als schwach erlebt. Sonst wäre der Stab nicht das Zeichen eines so bunten Berufssammelsuriums wie Polizist, Hirte, Eseltreiber, Zauberer und Bischof. Um mit diesem Kraftbereich in Kontakt zu treten, muss man nicht einen dieser Berufe ergreifen. Babys können es gleich nach der Geburt: Die Hand öffnen, greifen, schließen. Schon als winziger Mensch will man also nicht nur gehalten werden, sondern sucht selbst nach Halt, greift, wenn man in den Armen liegt, nach dem Ausschnitt oder dem Kragen des Trägers. In dieser Geste, nicht für sich bleiben zu wollen, liegt die Stärke.

Ich empfinde es als kraftvoll, wenn jemand sagt: Ich will Hilfe, brauche Hilfe, will nicht allein durchs Leben gehen. Der Reflex des Neugeborenen mag verloren gehen. Das menschliche Können jedoch, nicht alles können zu müssen, bleibt: Hände reichen einander, greifen ineinander, was fast täglich geschieht, nicht selten ein Zeichen der Liebe. So begeben sich viele ganz bewusst nicht allein auf einen Pilgerweg. Und wenn doch, dann trifft man gerade bei ihnen die Fähigkeit an aufzumerken, auf andere zuzugehen und eine Passage mit ihnen zu gehen. So leitet oft gerade den, der alleine geht, die Neugier, das Leben greifen und begreifen zu wollen.

Das wohl bekannteste biblische Lied erzählt von diesem Vertrauen. Es ist der Psalm vom guten Hirten. Viele, junge und alte Menschen, können ihn auswendig. Und das, wo der Hirte in unseren Breitengraden eher selten anzutreffen ist, fast altertümlich wirkt. Dieses Bild aber scheint eine zeitlose Sehnsucht auszudrücken, nämlich: Halt suchen, Haltung gewinnen, Halt geben. Das Lied von Gott als Hirte ist eine Vergewisserung für all jene, die nicht ganz sicher sind, aber trotzdem sicher gehen wollen. Auffällig: Gott wird in dem Gebet um nichts gebeten. Stattdessen wird festgestellt, wie es sein soll. Nein, noch mehr! Die Geborgenheit ist nicht nur ein Wunsch, sondern wird im Sprechen gegenwärtig, auch wenn von Angst und Dunkelheit die Rede ist. Und Gott? Er flößt Vertrauen ein, weil er nicht festsitzt. »Ob ich schon wanderte im finstern Tal, fürchte ich kein Unglück. Dein Stecken und Stab trösten mich«, heißt es in dem Lied. Da ist ein Halt, der mich nicht im Dunkeln stehen lässt, sondern weitergehen lässt. Er ist beweglich, lässt sich beim Gehen spüren. Im Stab zeigt sich eine Stärke, die nicht so tut, als ob es keine Schwäche gäbe.

Man kann etwas von Gottes Kraft ahnen, wenn man einen Hirten mit großem Stock sieht, der Halt sucht, gefunden hat und anderen Halt gibt. Auch Jesus verfügt über diese Souveränität. Als *großer Hirte* der Schafe wird er im Hebräerbrief bezeichnet. Im gleichen Atemzug wird darauf verwiesen, dass er die Dunkelheit kennt. Er war im Totenreich, ist diesem entkommen, aber nicht von sich aus, sondern weil er *heraufgeführt* wurde, heißt es. Jesus also gilt als groß, weil er wie ein Kind die Hand geöffnet und Halt gesucht hat. Wohl deshalb sind jene, bei denen man sich sicher fühlt, oft gar nicht immer unantastbar robust. Im Gegenteil! So sind auch die Hirten der Weihnachtsgeschichte keine Alleskönner, sondern Nebenfiguren, fast Außenseiter. Unter Pilgern aber gilt der Hirte als ein ehrenvoller Beruf: Es sind Nomaden, also Gehende, Menschen, die draußen arbeiten, nicht drinnen. Auch unter Kindern bei Krippenspielen ist diese Rolle angesehen, nicht weniger als die der Engel. Engel haben die Gabe, auf schwebende Weise zu helfen. Nur sind sie nicht greifbar, man kann sie nicht festhalten. Da ist kein Hemdkragen, nach dem die Hand fassen könnte. Anders beim Hirten, der nach dem Stab greift und Gefahren abwehrt. Der Hirte verschwindet nicht. Und meine Hand greift nicht ins Leere.

Der Herr
segne
und bewege dich.
Er stütze
und belebe dich.
Er halte
und beschütze dich.
Er leite
und bekräftige dich.

6
Schlucht

Gott im Himmel
oder wo immer du auch bist.
Vergiss mich nicht.
Höre mich,
schau nach mir,
schau nicht
auf mich herab.
Komm
herab
ins Schattenland,
geh mir auf den Grund.
Komm mir nah,
zieh mich fort,
geh mit mir
ins Licht.

Wohl denen, die da wandeln

1. Wohl de - nen, die da wan - deln vor
nach sei - nem Wor - te han - deln und

Gott in Hei - lig - keit,
le - ben al - le - zeit. Die recht von

Her - zen su - chen Gott und sei - ner Wei-sung

fol - gen, sind stets bei ihm in Gnad.

2. Von Herzensgrund ich spreche:
Dir sei Dank allezeit,
weil du mich lehrst die Rechte
deiner Gerechtigkeit.
Die Gnad auch ferner mir gewähr;
zu halten dein Gebote;
verlass mich nimmermehr.

3. Mein Herz hängt treu und feste
   an dem, was dein Wort lehrt.
   Herr, tu bei mir das Beste,
   sonst ich zuschanden werd.
   Wenn du mich leitest, treuer Gott,
   so kann ich richtig gehen
   den Weg deiner Gebot.

4. Lehr mich den Weg zum Leben,
   führ mich nach deinem Wort,
   so will ich Zeugnis geben
   von dir, mein Heil und Hort.
   Durch deinen Geist, Herr, stärke mich,
   dass ich dein Wort festhalte,
   von Herzen fürchte dich.

5. Dein Wort, Herr, nicht vergehet,
   es bleibet ewiglich,
   so weit der Himmel gehet,
   der stets beweget sich;
   dein Wahrheit bleibt zu aller Zeit
   gleichwie der Grund der Erde,
   durch deine Hand bereit'.

T: AÖL 1973 nach Cornelius Becker 1602 nach Ps 119,
M: Heinrich Schütz 1661, © Arbeitsgemeinschaft Ökume-
nisches Liedgut, Trier

6. Schlucht

Aus der tiefer Not

[Ein Wallfahrtslied.]
Aus der Tiefe, o Herr, ruf ich zu dir: |
Höre, o Herr, meine Stimme!
Möge achten dein Ohr |
auf mein flehendes Rufen!
Wolltest du, Herr, der Sünde immer gedenken: |
Herr, wer könnte bestehen?
Doch bei dir ist Vergebung der Sünden, |
auf dass man in Ehrfurcht dir diene.
Ich hoffe auf den Herrn, |
es hofft meine Seele, |
ich warte auf sein Wort.
Meine Seele erwartet den Herrn, |
mehr als der Wächter das Morgenrot.
Ja, mehr als der Wächter das Morgenrot |
erwartet Israel seinen Herrn!
Denn beim Herrn ist Erbarmen, |
bei ihm ist reiche Erlösung.
Ja, er wird Israel erlösen |
von all seiner Missetat.

Psalm 130

Schlucht, Canyon, Klamm, Wadi

Schluchten gelten geomorphologisch als enge Täler, deren Begrenzungen aus steilen Hängen und Wänden bestehen. Sie entstehen, indem sich Fließgewässer in den Untergrund einschneiden. Dabei überwiegt die Tiefenerosion erheblich gegenüber der Seitenerosion. Es kann sich keine Talsohle ausbilden und es entstehen steile Hänge und Wände. Ist das Gestein eher weich, wird auch an den Seiten mehr abtransportiert, das Tal verbreitert sich.

Sehr enge Schluchten, in denen der Talgrund vollständig von einem Wasserlauf eingenommen wird, werden *Klamm* genannt. Bei Garmisch-Partenkirchen, wo die Partnach eine Klamm in den Fels geschnitten hat, fallen die Wände bis zu 80 Meter steil ab.

Schluchten können im Lauf von Jahrmillionen entstanden sein. Im Schwarzwald allerdings hat die »wütende Ach«, die Wutach, innerhalb kürzester Zeit eine Schlucht durchs Gebirge getrieben. Und noch immer tiefen sich die Wassermassen weiter in das Gestein ein. Die Bodenschichten der Talwände geben einen Einblick in die Erdgeschichte. Die Wutachschlucht wird oft »Jüngste Schlucht der Erde« genannt.

Als *Canyon* bezeichnet man ein stark eingeschnittenes Tal, das treppenartige Hänge hat. Canyons finden sich in Gebieten, wo die Gesteinsschichten horizontal gelagert sind. Am berühmtesten ist der Grand Canyon, eine etwa 450 Kilometer lange steile Schlucht im US-Bundesstaat Arizona, die vom Colorado River ins Gestein des Colorado-Plateaus gegraben wurde.

Bei *Wadis* handelt es sich um ausgetrocknete Flussläufe in Tälern der Wüstengebiete Nordafrikas, Vorderasiens und auch in Spanien. Nur nach starken Regenfällen führen sie Wasser. Bei Wadis mit einem großen Einzugsgebiet kann selbst ein viele Kilometer entferntes Gewitter zu einem schlagartigen Wasseranstieg führen. Der Aufenthalt in diesen Schluchten mit meist steilen Ufern ist dann lebensgefährlich. Diese augenblickliche Wasserzufuhr kann freilich auch das Bild einer überraschenden Lebendigkeit sein. So heißt es im Psalm 126: »Herr, bringe zurück unsre Gefangenen, wie du die Bäche widerbringst im Südland.« Dass Schluchten die Fantasie anregen, zeigt die am Neckar gelegene Wolfsschlucht, in der 1866 der letzte Wolf des Odenwaldes erlegt worden sein soll. Carl Maria von Weber, vermutet man, ist von dieser wildromantischen Schlucht zu seiner Oper »Der Freischütz« inspiriert worden.

Tiefer Grund

Sich auf den Grund einer Schlucht stellen. Dabei muss es sich nicht im geomorphologischen Sinne um eine Schlucht handeln. Man kann sich auch zwischen zwei aufragende Felsen stellen, in enge Täler oder eine grabenartige Vertiefung. Sich dann auf den Tiefpunkt konzentrieren, indem man zu beiden Seiten der Wände oder Hänge aufschaut.

Der Vielzahl möglicher Gefühle nachspüren: Bedrückung, Erleichterung, Enge, Geborgenheit, Schutz. Sich fest hinstellen und sich klarmachen: Es geht nicht tiefer. Außerdem: Ausblick ist möglich.

Funke

Es gibt wohl immer wieder Phasen im Leben, in denen man das Gefühl hat, unten zu sein, festzustecken. Man befindet sich im Tal, kommt nicht recht weiter. Es ist düster. Erschöpfung breitet sich aus. Manche sagen dann: Ich fühle mich leer, wie ausgebrannt! Ich glaube nicht, dass dann keine Leidenschaft mehr in einem ist. Vielleicht ist es sogar umgekehrt: Im Innern lebt eine starke Glut. Nur kann das Feuer nicht frei züngeln. Das Gefühl, in einer Schlucht zu sein, besagt dann nur: Man befindet sich gerade auf der Suche nach Licht und Luft, damit das Feuer aufleben kann.

Davon erzählt eine Episode des großen Pilgers Mose. Ehe er mit den Israeliten in Richtung Gelobtes Land aufbrach, befand er sich in einem Dämmerzustand, in einer tiefen Schlucht. Er hoffte auf Sinn, ein Ziel. Dabei merkte ihm nach außen hin womöglich niemand seine Erschöpfung an. Er hatte geheiratet, lebte in einer Kleinfamilie, hatte einen Sohn bekommen. Das war doch alles ganz passabel. Der Name freilich, den er dem Kind gab, zeugt von einer aufgewühlten Seele. »Er nannte ihn Gerschom; denn, sprach er, ich bin ein Fremdling im fremden Lande.« (Exodus 2,22)

Mose wohnte in einem Land, in dem er nicht aufgewachsen war. Aber auch in Ägypten hatte er kaum vertrauten Boden unter seinen Füßen gespürt, diesen dann auch noch verlassen müssen. Und das kam so: Der ägyptische Club der Reichen, Schönen und Mächtigen war Mose nicht genug gewesen. Er war Hebräer, aber am Hof des Pharao aufgewachsen, also ein Adoptivägypter. Er wagte sich hinaus, um nach seinen hebräischen Brüdern zu schauen, die als Sklaven lebten. Als einer geschlagen wurde, loderte in Mose ein Feuer auf, eine ungezügelt starke Flamme. Er schlug den ägyptischen Peiniger, der starb. Schlimm genug! Noch schlimmer jedoch: Die Hebräer verspotteten ihn, obwohl er ihnen hatte zur Seite stehen wollen. Ablehnung erfuhr er auch von seiner Adoptivfamilie: Der Pharao, dessen Tochter Mose einst als kleines Kind im Kästlein auf dem Nil entdeckt hatte, wollte ihn töten. So also floh der Ziehsohn aus Ägypten in ein Land, das ihm offenbar noch fremder war.

Nicht jeder, der in sich ein Feuer spürt, wird zum Schläger. Trotzdem kennen viele den Schmerz, mit ihrer Leidenschaft keine Heimat finden zu können. Mose wurde ausgelacht, nur weil er sich nicht daran gewöhnen konnte, dass Menschen gefoltert werden. Der Wunsch, mit seinen Ideen von den Nächsten anerkannt zu werden, lief ins Leere. Abgelehnt. Bis heute hoffen viele, nicht anders als Mose, mit ihrem inneren Feuer gesehen zu werden. Oft ernten sie ein müdes Lächeln oder hören, dass sich ihr Eifer nicht in die gegenwärtige Zeit einfügen lasse. Man müsse sich mit den gegebenen Umständen arrangieren. Moses Gefühl, nicht immer am rechten Fleck zu sein, können womöglich jene teilen, in denen ein helles Feuer leuchtet. Nur gilt es, mit dieser Leidenschaft und seinem Können einen guten Weg zu finden. Sich das Lodern versagen zu wollen, ist jedenfalls keine Lösung, die befreit und aus der engen Schlucht führen kann.

Mose hatte die Begabung, das Ungerechte nicht hinzunehmen. Er konnte darauf nicht in Form eines Petitionsschreibens aufmerksam machen, das er ins politische Geschehen eingebracht hätte. Was er nicht hinnehmen wollte, war zu brisant. Viele sagten: »Das ist doch normal, dass es Diener und Herren gibt. Daran lässt sich bestenfalls in Nuancen etwas ändern.« Die Ungerechtigkeit in Nuancen ändern – das war zu wenig Sauerstoff für das Feuer, das in Mose brannte. Jemandem, der im Tal steckt, kann man kaum sagen: Sieh doch das Positive. Natürlich kann man versuchen, sich in einer Schlucht wohnlich einzurichten. Dann aber bleibt es düster.

Dass man eine Bestimmung haben könnte, sollte man nicht ins Land der Fabeln verweisen. Denn ein Mensch kann von innen heraus leuchten, glaube ich. Allerdings: »Die Leidenschaft leben? Zu hoch gegriffen!«, wird oft gesagt. Man müsse das Machbare anstreben. Aber ist das Leben nicht zu kostbar, als dass man sich allein aufs Machen beschränken könnte? Wieder wird eingewendet: Beruf und Berufung seien nun mal nicht deckungsgleich. Chancen habe demnach, wer sich nicht zu sehr nach Licht, Luft und Wärme sehnt. Bedeutend freundlicher allerdings ist nach meiner Erfahrung der Glaube, dass der Mensch glänzen darf.

Mose war geflohen. Und er fragte sich: Was eigentlich habe ich in meinem Leben zustande gebracht? Er war am Hof aufgewachsen, das waren nicht gerade die schlechtesten Voraussetzungen gewesen. Jetzt war er Kleinviehhüter, hatte einen Menschen erschlagen. Nicht einmal auf eigenen Beinen stand er, da er auf die Hilfe seines Schwiegervaters angewiesen war. Nach Ägypten wollte er nicht zurück, die Geschwister sah er nicht. So hütete er Schafe und Ziegen. Und trieb sie über die Steppe hinaus und gelangte an einen großen Berg. »Da erschien ihm der Engel des Herrn in einer Feuerflamme, mitten aus einem Dornbusch heraus. Als er hinsah, nahm er wahr, dass der Dornbusch wohl brannte, aber vom Feuer nicht verzehrt wurde.« (Exodus 3,2)

Das Feuer brannte, aber verbrannte nichts. Es war ein Züngeln, das den Dornbusch am Leben ließ, es war unauslöschlich. Es hellte Mose auf. Und er ahnte: Es ist das Natürlichste auf der Welt, dass das Leben glühen darf. Mose näherte sich dem Feuer. Der eigentlich Ausgebrannte fühlte sich im Schein des Feuers nicht als Fremder. Denn in seinem Inneren schien etwas zu glimmen. Feuer wollte zu Feuer. Und es war klar: Menschen, die ihre Leidenschaft nicht leugnen, müssen sich zuweilen unterbrechen. Sie fliehen und suchen. Und warten und hoffen, bis ihre Sehnsucht leben kann. Sie geraten in abgelegene Canyons und wilde Täler, die nicht immer romantisch sind. Das sind Gegenden, die in den Reisejournals der Zeitungen kaum Erwähnung finden. Manche hat noch nie jemand entdeckt! In den Schluchten des Lebens fühlt man sich immer als Erstbegeher. So erging es Mose, der die Schafe nicht auf üppigen Auen hütete, sondern in der Steppe. Weil er aber der Schattenregionen des Lebens kundig war, hatte er auch diesen ausgeprägten Blick für ein Leuchten, das kraftvoll ist.

Wo lässt es sich heute finden? Elektrisches Licht lockt kaum, auch wenn Stromkonzerne werben, es würde so gut wie ewig brennen. Auf dem Friedhof sind bisweilen elektrische Kerzen zu finden. Im Angesicht der Gräber beleben jedoch eher jene, die aus Wachs gegossen sind. Auch wenn ihre Flammen gefährdeter und endlich sind, ahne ich einen Hauch von Ewigkeit, anders als bei den Attrappen, die dank Batterie unaufhörlich zucken im streng genormten Takt.

Kerzenlicht steht sogar in Konkurrenz zu elektrischen Lampen, die dem Betrachter Tag für Tag entgegenblinken. Denn eine Kerze entfaltet ihre volle Wirkung erst, wenn die Lampen Pause haben. Das leuchtet besonders in der Adventszeit ein. In meiner Erinnerung ist unauslöschlich aufbewahrt: Die Lampen wurden ausgeschaltet und die Macht eines sagenhaft anderen Lichts kam frei: Kindliche Ahnung, Gewissheit, eine Urkraft, in der man sich geborgen fühlen kann. Es gibt ein Brennen, unvergänglich. Tief ist die Dunkelheit, gewaltig und zärtlich das Licht. Wir bastelten Laternen. Meine Brüder hatten sie vor mir fertig, ich war noch sehr klein. Sie halfen mir, bis die Laternen vom Geheimnis künden konnten. Ein Teelicht wurde in die Laternen platziert. Das Transparentpapier begann seinem Namen alle Ehre zu machen, das Licht schien durch das Farbenpapier hindurch, ein Schimmern sank in die Augen, tief in mich hinein, um sich dort mit jenem Glühen zu verbinden, das einen Menschen von innen nährt.

Oft sind es Erinnerungen aus vermeintlich grauer Vorzeit, die einem die Ahnung geben können: Die Schlucht ist nicht das Ende des Weges. In der Schule galt es einmal, eine Höhle zu malen, in die von außen kein Licht einfiel. Dort herrschte Dunkelheit. Die Kunst jedoch war, inmitten dieser Nacht eine Kerze brennen zu lassen. Das war ein gelber Punkt, der Mittelpunkt der Höhle. Von ihm aus wurde das Gelb Kreis um Kreis, Borstenpinselstrich um Borstenpinselstrich heller, bis man einen mit klarem Wasser aufgetragenen Strich hinterließ. Am Rand der Höhle dagegen herrschte tiefes Schwarz, das sich Nuance um Nuance zur Mitte hin abschwächte, bis es sich mit dem wasserklaren Streifen traf. Als ich den Pinsel zur Seite legte, staunte ich: Ein winzige Flamme kann einer Nacht Licht verleihen.

Auch ein Adventskranz kommt zur Geltung, wenn es ansonsten dunkel ist. Zündet man die Kerzen an, muss der Mensch ruhen, das unaufhörliche Tätigsein hört auf. Man kann auch nicht lesen, nur noch schauen. Selbst der Computer schweigt und flimmert nicht, der Fernseher ist aus. Das Kerzenlicht in seiner maßlos zarten Kraft käme sonst nicht frei. Dieses Leuchten ist ein König, der mit Stille regiert. Es zeigt in eine Gegend, in der man sein inneres Feuer nicht leugnen muss.

Ein Mensch, der sich nach Licht und Wärme sehnt, war vom brennenden Dornbusch angezogen. »Da dachte Mose: Ich will doch hingehen und dieses seltsame Schauspiel betrachten, warum der Dornbusch nicht verbrennt. Als der Herr sah, dass er herantrat, um nachzusehen, rief Gott ihm aus dem Dornbusch zu: Mose, Mose! Dieser antwortete: Hier bin ich. Da sprach er: Tritt nicht näher heran, zieh deine Schuhe von deinen Füßen; denn der Ort, auf dem du stehst, ist heiliger Boden!« (Exodus 3, 4.5) Gott zeigt sich im Feuer, er glaubte noch. Woran glaubte Gott? Dass die Leidenschaft in Mose nicht erloschen sei, mochte sie sich auch tief in ihn zurückgezogen haben. Gott blies die Glut in ihm an, indem er sprach: »Träume erfüllen sich. Und wer im Dunkeln ist, kommt ins Licht.« Gottes Rede klang schön, nur wagte Mose ihr nicht recht zu trauen. Gottes Worte freilich wärmten ihn. Mose zog die Schuhe aus. Ausgerechnet hier, im Talgrund seines Lebens, hatte er Heiliges Land unter seine Füße bekommen. Mose stand barfuß im Sand. Das kann befreiend sein, wenn nichts mehr geht: die Schuhe ausziehen statt krampfhaft versuchen weiterzugehen. Moses Füße wurden nicht kalt. Vielleicht ist das, wie wenn man im Sommer mit bloßen Füßen über die Rasenfläche des Sportplatzes sprintet, im Freibad Fußball spielt, die Zehen genüsslich im Wärmespeicher Sand spielen lässt. Man kostet das Wohlwollen des göttlichen Bodens aus.

Und Mose ahnte, dass sein inneres Feuer leben darf. Nur sagte Gott zu ihm nicht lässig: »Ich hätte da mal einen neuen Job für dich.« So redet der Ewige nicht, weil er das Wort Berufung noch nicht aus seinem Sprachwortschatz gestrichen hat. Er sagte: »Du wirst mein Volk aus Ägypten in seine wahre Heimat führen.« Mose hatte vor dieser Begegnung am Busch noch nie mit Gott gesprochen. Er wusste auch nicht, was seine Bestimmung ist. Er zweifelte, ob er überhaupt eine in sich trage, niedergeschlagen, wie er war. Der warme Sand, das Feuer im Gestrüpp und die Stimme Gottes trösteten ihn. Dann aber wieder zögerte der erfahrene Schluchtengänger: Mose war sich nicht sicher. Wie groß die Kraft in müden Menschen ist, zeigt sich freilich daran, dass der vermeintlich erschöpfte Mose sich als Energiebündel im Widersprechen entpuppt. Unwirsch, frech und frei heraus reagiert er auf das Werben Gottes. Wer sich fremd fühlt, traut sich wenig zu, oft so gut wie gar nichts mehr. Schwach, unbedeutend, klein – so kam sich Mose vor. Stark ist er kurioserweise darin, Gott gegenüber unablässig zu erklären, warum er nicht stark sein kann. Diesen Einwänden widmet sich Gott ausdauernd, wodurch der Wortwechsel wie eine Parodie auf heutige Bewerbungsverfahren wirkt. Gott will den, der sich nicht beworben hat – sofort und unbedingt! Mose aber weigert sich noch immer, bis Gott das Gespräch wütend beendet. Und wie reagiert der Angefahrene? Endlich lässt Mose sich auf den Fortgang seines Lebens ein. Denn Gott, der Himmlische, hatte in ihm den unauslöschlichen Funken entdeckt.

Verwirrend schön

Es war ein Gang in die Tiefe, der keinen Sinn ergab. Als wir später aus großer Entfernung auf die Schlucht schauten, sah sie seltsam freundlich aus. Das geschah nicht im Hochgebirge, wir waren auch in keiner abgeschiedenen Gegend unterwegs, sondern in einem harmlos wirkenden Hügelland. Wir starteten unsere Unternehmung an einer Burg, besichtigten den Burghof, in dem man sich geborgen fühlen kann. Wir aber wollten hinaus, angetrieben von Entdeckerlust. Wir verließen also die Burg über die Zugbrücke. Es ging am Bach entlang, aufs freie Feld. Alles eben. Zu sehen war der Berg, der zum Höhepunkt unseres Gehens werden sollte – der Hahnenkamm. Und wirklich! Der Bergrücken erinnerte an den Kamm eines Hahns. Der Feldweg führte durch einen Ort, Samstagvormittag. Man kehrte die Straße, da waren Bäcker, Metzger, Drogerie. Keine Gefahr! Jederzeit könnte man Hilfe rufen. Mit einem Mal aber war alles anders. Der Asphalt hörte am Ortsende auf, der Weg stieg abrupt an, die Schritte wurden kürzer. Die Ahornbäume am Wegrand, von Efeu umschlungen, bildeten ein Dach. Der Atem wurde durchs Steigen laut. Als der Schlund endete, öffnete sich der Blick zurück ins Tal: Orte, Türme, Kraftwerke, die Straßen der Geschäftigkeit. Wir drehten uns um, gingen in den Wald, wo uns Stille empfing, dazu ein erdig-feuchter Geruch, den der Regen der Nacht hinterlassen hatte.

Und weiter ging es bergauf in Richtung Hahnenkamm, dem Gipfel. Extremsportler würden über solch eine Tour gewiss lachen, doch der Anstieg war nicht leicht. Trotz des Waldschattens war es heiß, wir legten Pausen ein. Bald waren die Wasserflaschen leer, wir aber noch nicht am Ziel. Endlich! Die ersehnte Abzweigung, das letzte Wegstück zum Gipfel. Was dann folgte, war unerklärlich: Wir stiegen nicht mehr, sondern gingen auf einem Höhenniveau, um dann sogar hinabzusteigen, erst sacht und schließlich rapide, sehr steil. Waren wir überhaupt noch richtig? Der Blick in die Karte: Ja, alles stimmt.

Also weiter: Die schwitzend errungenen Höhenmeter gingen jetzt Schritt für Schritt verloren, bis uns eine Taleinkerbung halten ließ. Da standen wir. Der Blick zurück: Steil führte der Weg bergauf, das war keine Perspektive. Wir schauten nach vorn: Auch hier ging es bergauf. Und wir? Erschöpft, müde, enttäuscht, standen still – gelähmt.

Wie waren wir dann weitergekommen? Ich kann es nicht sagen, ich weiß es nicht. Es muss wie ein Rausch gewesen sein, als uns die Schritte trugen, besinnungslos waren wir sie gegangen. Dann war da der Gipfel – und ein Gasthaus. Endlich trinken! Und da regte sie sich wieder, die Entdeckerlust: Ganz nach oben sollte es gehen, Stufe um Stufe im Rund den Aussichtsturm hinauf. Die Beine, die in der Schlucht völlig reglos gewesen waren, spürten jetzt Leichtigkeit. Ich hatte es einige Meter höher gebracht als die Bäume, auf deren Wipfel ich schaute. Welche Weite! Wolken zogen wie Luftschiffe durchs Blau. Die Augen tasteten den Horizont ab, sahen weit entfernte Gegenden, in denen wir einst wohnten. Und sie entzifferten auch den Weg, den wir gegangen waren: die Burg, die Felder, den geschäftigen Ort, den Anstieg durch den Wald. Aber was war das? Dort, wo die Verzweiflung auf uns gewartet hatte, schien die Landschaft auf eigenwillige Weise zu schwingen. Zwei Bergrücken trafen sich. Und indem sie sich begegneten, war da eine Mulde, die wunderbar weich vom Grün der Bäume ausgelegt war. Den Taleinschnitt dort unten, verstehen konnte ich ihn nicht, aber verwirrend schön, besonders wirkte der Weg jetzt. Ohne diese Schlucht wären wir jedenfalls nicht in diese Luftregionen gekommen. Und erneut schaute ich zu der Burg, von der aus wir aufgebrochen waren. Dorthin sollte es gehen. Unser Ziel.

Gott,
der Lebendige,
segne
dein Wandeln.
Er verwandle dich.

Gott,
der Ruhende,
segne
deinen Stillstand.
Er ruhe in dir.

Gott,
der Bewegliche,
segne
dein Bewegen.
Er leite dich.

Gott,
der Feurige,
segne
deinen Fortgang.
Er locke dich ins Licht.

7

Rasten

Gott,
zeig uns deinen Hunger
und guten Geschmack:
Komm zu Tisch,
setz dich auf die Wiese.
Auf der Bank bei uns
ist ein Platz noch frei.
Lagere dich,
ruh dich aus.
Deck dich ein,
teil kräftig aus.
Iss dich satt mit uns
im Augenblick,
der schmeckt.

Er ist das Brot, er ist der Wein

Er ist das Brot, er ist der Wein, steht auf und esst, der Weg ist weit. Es schüt-ze euch der Herr, er wird von Angst be-frein, es schüt-ze euch der Herr, er wird von Angst be-frein.

2. Er ist das Brot, er ist der Wein,
   kommt, schmeckt und seht, die Not ist groß.
   Es stärke euch der Herr,
   er wird euch Schuld verzeihn.

3. Er ist das Brot, er ist der Wein,
   steht auf und geht, die Hoffnung wächst.
   Es segne euch der Herr,
   er lässt euch nicht allein.

T: Eckart Bücken 1980; M: Joachim Schwarz 1980,
© T: Strube Verlag, München, M: Carus-Verlag, Stuttgart

Steh auf, iss!

Ahab erzählte Isebel alles, was Elija getan, wie er alle Propheten mit dem Schwert hatte umbringen lassen. Da sandte Isebel einen Boten zu Elija und ließ ihm sagen: Die Götter sollen mir dies und jenes antun, wenn ich nicht morgen um diese Zeit dein Leben dem Leben eines jeden von ihnen gleichgemacht habe.

Da geriet er in Angst, machte sich auf und ging davon, um sein Leben zu retten. Als er nach Beerscheba, das zu Juda gehört, kam, ließ er dort seinen Diener zurück.

Er selbst aber ging einen Tagesmarsch weit in die Wüste hinein. Als er so weit gekommen war, ließ er sich unter einem Ginsterstrauch nieder, wünschte sich den Tod und sprach: Nun ist es genug, Herr! Nimm meine Seele hin; ich bin ja nicht besser als meine Väter! Dann legte er sich hin und schlief ein. Auf einmal berührte ihn ein Engel und sprach zu ihm: Steh auf, iss! Als er hinblickte, sah er neben seinem Kopf einen gerösteten Fladen und einen Krug Wasser. Er aß und trank und legte sich wieder schlafen. Aber der Engel des Herrn kam zum zweiten Mal, berührte ihn und sprach: Steh auf, iss! Denn sonst ist der Weg zu weit für dich! Da stand er auf, aß und trank und wanderte in der Kraft jener Speise vierzig Tage und vierzig Nächte bis zum Gottesberg Horeb.

1 Könige 19, 1–8

Rast im Freien

Wenn man als Gruppe unterwegs ist, still rasten. Die Gesellschaft von Bäumen oder Vogelstimmen ändert den gewohnten Geschmack: Was man sich zu Hause vielleicht routiniert einverleibt, schmeckt unterwegs intensiv. Langsam kauen, dem Geschmack nachsinnen. Auch der Hunger, den man sich erlaufen hat, steigert den Genuss: Das Essen verliert seinen Pflichtcharakter. Es schmeckt festlich, auch wenn es einfach ist. Man spürt, wie der Körper neue Kraft findet. Und man kann sich eingeladen fühlen: Nichts gibt es zu tun, das Brot ist vorher geschmiert. Kein Geschirrabräumen wartet. Selbst die Spülmaschine rastet.

Einkehren

Gastfreundschaft gilt in vielen Kulturen und Religionen als Tugend, auch im Neuen Testament: »Vergesst die Gastfreundschaft nicht; denn durch sie haben einige, ohne es zu merken, Engel beherbergt«, heißt es im Hebräerbrief. Für einen Pilger steht diese Tugend nicht im Vordergrund. Er kann anderen etwas abgeben, aber keine Tür öffnen. Selbst eine Schnecke, die mit ihrem Haus durch die Gegend pilgert, wäre nicht in der Lage, ein Gästezimmer anzubieten. Aber vielleicht ist ja auch das Einkehren eine Tugend? Biblisch lässt sich das begründen. Niemand Geringeres als Gott und Jesus tauchen als Gast auf, also nicht nur als Hirten oder Gastgeber. Einmal wäscht Abraham einem Fremden die Füße, der geheimnisvoll zwischen Ein- und Mehrzahl schillert. Nach und nach zeigt sich: Der Fremde ist Gott, der sich in drei Personen aufteilt. Vielleicht um sich von Abraham gleich dreimal die Füße waschen zu lassen? Außerdem kann er so mehrfach Frau Saras Kuchen genießen, dazu wird ein Lamm zubereitet.

Gott gilt biblisch betrachtet als jemand, der unterwegs ist. An heiligen Orten ist er allenfalls zeitweise zu Hause. Und auch den Tempel, das Haus Gottes, stellt man sich zuweilen als beweglich vor. Sein Vorläufer ist die Stiftshütte, die die Hebräer unter Mose durch die Wüste trugen. Man konnte sie aufschlagen, aber auch wieder abbauen.

Jesus lädt bis heute zu Tisch, beim Abendmahl, glauben die Christen. Aber er war auch ein sehr begabter Gast. Er wirkt dabei alles andere als demütig, sondern verfügt über Autorität. Die Rollen Gast und Gastgeber können sogar auf den Kopf gestellt werden. So lädt Jesus sich einmal bei Zachäus ein, einem Zöllner, der sich darüber freut, Gastgeber sein zu können. Ein anderes Mal spricht Jesus zu Levi, ebenfalls ein Zöllner: Komm, gehen wir! Bevor sie aber miteinander gehen, wird gefeiert: »Levi richtete ihm ein großes Mahl zu in seinem Haus, und viele Zöllner und andre saßen mit ihm zu Tisch.« (Lukas 5, 29)

Aber so schrankenlos sitzt man nicht immer am Tisch. Und nicht jeder Gast wird in der christlichen Überlieferung als König, Engel oder Gott erfahren. Die Benediktsregel aus dem 6. Jahrhundert klingt jedoch einladend: »Alle Gäste, die zum Kloster kommen, werden wie Christus aufgenommen; denn er wird einst sprechen: Ich war fremd, und ihr habt mich beherbergt. Allen erweise man die ihnen gebührende Ehre, besonders den Glaubensgenossen und den Pilgern.« So gastfreundlich diese Regel auch ist: Eine Abstufung wird dann doch gemacht, indem vor allem Glaubensgenossen und Pilger geehrt werden sollen. Jedenfalls beruft man sich nicht auf ein Gebot, das noch umfassender und an zentraler Stelle der Tora, der fünf Bücher Mose, platziert ist: »Den Fremden sollt ihr lieben.«

Liegt die Vorsicht daran, dass man in christlichen Gemeinden und Klöstern einen Missbrauch des Gastrechts erlebt hat? Schon Jahrhunderte vor der Benediktsregel wird es das gegeben haben, auch unter Glaubensgenossen. So war es dem Apostel Paulus wichtig zu betonen, Gemeinden nicht zur Last zu fallen, sondern unabhängig zu sein. Er lebe von seiner eigenen Hände Arbeit, sagt er. Als Brotberuf gibt er nicht Reisender, Apostel oder Pilger an, sondern Zeltmacher.

Auch in der Didache, einer Sammlung sehr früher Gemeinderegeln, werden wandernde Glaubensgenossen in den Blick genommen: Da gibt es Apostel, die sesshafte Christen für kurze Zeit besuchen. Auch von Propheten ist die Rede, die eine Wanderexistenz führen. Einige von ihnen wollen jedoch sesshaft werden. Und ein einfacher Christ, der um Aufnahme bittet? Der solle seinen Lebensunterhalt selbst verdienen, heißt es. So wird in der Didache Güte empfohlen, aber auch Vorsicht, schließlich könne es sich um Schwindler handeln.

Als Gastgeber speziell für Pilger fungierten bis ins 11. Jahrhundert die Klöster. Man nächtigte oft auch in Kirchen oder deren Vorhallen. An der Schwelle zum 11. Jahrhundert lässt sich eine Gründungswelle von Hospitälern und Hospizen beobachten, die Klöstern zugeordnet sind. Die Zahl der Pilger mehrte sich, die sich zu weit entfernten Wallfahrtsorten aufmachten – nicht zuletzt wegen der allgemein wachsenden Mobilität. Nun wurden auch Herbergen eingerichtet, die durch Spenden und Stiftungen finanziert wurden. Diese Gründungswelle erfasste die Pilger- und Handelsstraßen nach Italien und Spanien, breitete sich aber über ganz Europa aus und erreichte bis zum 14. Jahrhundert fast alle Städte und auch viele Dörfer.

Beispielhaft ist das am Jakobsweg zu sehen. An den Straßen über die Pyrenäen nach Santiago de Compostela konnte man in den wenigen Benediktinerklöstern oder den von ihnen betreuten Herbergen nächtigen. Neben diese Klostereinrichtungen traten nun auch selbständige, nämlich von Königen, Bischöfen, Adligen, reichen Leuten, geistlichen Ritterorden und Bruderschaften gestiftete Hospitäler. Wegen ihrer Dichte ist es denkbar, dass Pilger und andere Reisende nach jeder Tagesreise ein Hospiz oder Hospital für die Nacht aufsuchen konnten.

Diese beachtliche, auf Pilger ausgerichtete Infrastruktur ist in Deutschland heute wohl allein auf dem Ökumenischen Pilgerweg gegeben. Dort findet sich in Abständen von nicht mehr als 20 Kilometern eine Herberge. Der 2003 eröffnete Pilgerweg von Görlitz nach Vacha orientiert sich an der historischen Via Regia, die Teil des Wegenetzes ist, auf dem man nach Santiago kommt. Wie im Mittelalter dienen auch auf der Via Regia Kirchen als Herberge. So kann der Pilger in der Merseburger Neumarktkirche Sankt Thomae direkt im Kirchenschiff schlafen.

Im Mittelalter waren die am Jakobsweg gelegenen Herbergen mit dem Pilgerzeichen, der Jakobsmuschel, gekennzeichnet. In Pass- und Berghospitälern läutete man mit einer Glocke, damit die Pilger sich orientieren konnten. In der regnerischen und unwirtlichen Landschaft um Foncebadón errichtete man Wachtürme zur Wegweisung und bestellte Führer, die die Pilger leiteten.

Ein gesunder Pilger durfte in einer Herberge meist nur eine Nacht, höchstens aber drei Nächte bleiben. Zur Kontrolle markierte man den Pilgerstab mit einer Einkerbung. In Städten mit mehreren Hospitälern wurde die Gastlichkeit immer wieder missbraucht. In Astorga wurden 1521 beispielsweise Aufseher angestellt, um die Pilger gleichmäßig auf die Häuser zu verteilen. Sie sollten nicht, von einer Unterkunft zur nächsten wechselnd, zu lange in der Stadt bleiben. Aus dem 16. Jahrhundert datiert eine Bemerkung aus dem Hospital Real in Santiago über Wärmeräume, die nach Geschlechtern getrennt waren, »denn die Qualität derer, die ins Hospital kommen, ist sehr gefährlich«. Wo in den Hospizen Verpflegung geboten wurde, bestand sie meist aus Brot, Wasser und Gemüse. In gut ausgestatteten Hospizen wie Roncesvalles kann auch Wein und etwas Fleisch auf den Tisch gekommen sein.

Herbergen wurden bald ein florierender Gewerbezweig am Weg nach Santiago. In manchen Städten gab es bisweilen gar eine eigene »Straße der Gastwirte«. Diese wurden aber auch kritisiert. Besonders der »Liber Sancti Jacobi«, der ältester Führer für Pilgerwanderungen auf dem Jakobsweg aus dem 12. Jahrhundert, spart nicht mit Angriffen auf Wirte. Warum die Schärfe der Kritik? Vielleicht weil als Maßstab diente, dass niemand Geringeres als Jesus einst von Herberge zu Herberge gezogen ist. In dem Jakobsbuch heißt es: »Manche Wirte gehen den Pilgern vor die Städte entgegen, versprechen ihnen gute Unterkunft und geben ihnen dann eine schlechte. Sie verjagen die ersten Besucher, die schon bezahlt haben, wenn andere, besser zahlende Gäste erscheinen. Zum Probieren geben sie guten Wein, verkaufen dann aber schlechten Wein oder Most und verwenden falsche Maße. Als Schlaftrunk geben sie den besten Wein, um die Gäste zu berauschen und im Schlaf auszurauben. Oder sie vergiften gar die Gäste, um in den Besitz des Nachlasses zu gelangen. Sie verkaufen den Pilgern Fleisch und Fische, die schon vor drei Tagen gekocht wurden«.

Himmelsnahrung

Als die Hebräer unter Mose durch die Wüste pilgerten, hatten sie ein Land zum Ziel, dessen traumhafte Schönheit mit nichts Geringerem als Essen und Trinken charakterisiert wurde: Dort fließe Milch und Honig. Kurz nach der Flucht allerdings hatten sie nichts, nur großen Hunger. Der mitgenommene Teig war gebacken und das Brot aufgegessen. Nun wollten viele zurück in die Sklaverei, wo es sich doch – so sagten sie – alles in allem recht schmackhaft habe leben lassen. Das wollte Gott nicht zulassen, sondern zeigte sich als Regenmacher. Was regnete es? Manna. »Es war wie weißer Koriandersamen und hatte einen Geschmack wie Semmel mit Honig.« (Exodus 16, 31) Jeden Morgen neu lag es auf dem Boden. Das kam ungeplant, war eine Überraschung. Und jeder hatte genug, keiner zu viel und niemand zu wenig. Manche, die eben noch vor Hunger geschrien hatten, begannen jetzt kurioserweise mit einer Art Diät. Sie wollten sich das Leben für morgen aufsparen. Doch den Himmelsgeschmack konnte man nicht aufbewahren. Der Reichtum ließ sich nicht anhäufen. Noch schlimmer: »Und etliche ließen davon übrig bis zum nächsten Morgen; da wurde es voller Würmer und stinkend.« (Exodus 16,20) Denn das Manna war schon wieder taufrisch gefallen. Einen ganzen langen Tag blieb es köstlich frisch – am Wochenende sogar zwei, weil Gott einen Tag ruhen wollte. Das Himmelsbrot wurde am Tag seiner Geburt genossen, weder eingefroren noch aufgebacken. Anders heute: Wenn man durch Innenstädte spaziert, begegnen einem im Abstand von drei Kaubewegungen Brot- und Brötchenfilialen mit integriertem Backapparat, damit die Ofenwärme in jeder Sekunde siegt. Der Geschmack der frischen Ware lässt freilich ans Gegenteil denken, an ein verwurmtes, stinkendes Leben. Denn die vermeintliche Unmittelbarkeit schmeckt meist fürchterlich. Die Öfen in den Supermärkten, in denen sich der Kunde Brötchen bestimmt bald selbst aufbacken muss, signalisieren: »Wo immer du auch bist, stets wird dich eine ofenwarme Brezel finden.«

Anders als in der Wüste verwandelt sich diese Superfrische innerhalb von Sekunden ins Gegenteil. Die Teigrollen, für die ganze Republik genormt, muss man nur eine halbe Stunde ungegessen liegen lassen, schon schmecken diese Brezeln nach Papier. Und nie ist es genug: In der meinem Arbeitsplatz nächstgelegenen Aufbackstation kontert die Verkäuferin jeden Kundenwunsch mit der Frage: »Was kommt noch dazu?« Also nicht etwa: »Kommt noch etwas dazu?« Ihre Frage zielt nicht darauf, *ob* man noch etwas will, sondern was der Kunde noch *zusätzlich* kaufen wird. Weil sich die Frage nach jedem Wunsch wiederholt, muss ein höflicher Kunde streng genommen alles aufkaufen. Die Frage, die kein logisches Ende kennt, unterläuft jedenfalls die Idee der Wüstenpilger: Eine Brezel oder eine Semmel wird gebacken, weil sie kostbar ist und auch noch am Abend nach jener Geborgenheit schmeckt, der man unablässig entgegengeht.

Die Pilger auf dem Weg zum Gelobten Land waren mit ihrem Manna zufrieden. Sie aßen es viele Jahre, und zwar jeden Tag. Manchmal beschwerten sie sich wegen der fehlenden Variation, kriegten es aber nicht über. Stattdessen ist es ihnen als Götterspeise in Erinnerung geblieben. Essen verliert durch Wiederholung nicht an Kraft, sonst gäbe es auch keine Leibgerichte. So wird im Stammlokal die Speisekarte oft abgewehrt, weil doch längst klar sei, was man am liebsten habe.

Das Himmelsbrot für die Wüstenpilger schmeckte himmlisch, einfach und köstlich, aber auch fremd. »Man hu?«, fragten die Hebräer nämlich, als sie es das erste Mal auf dem Boden liegen sahen. So hat das Manna seinen Namen erhalten: »Man hu? Was ist das?« Über unbekanntes Essen zu staunen, erinnert mich an die Zeit im Wohnheim als Student. Dieses Haus erscheint mir wie ein Rastplatz für Wanderer. Denn es war von vornherein klar: Man wohnte auf Zeit zusammen. In dieser Herberge lebten Pilger aus vielen Nationen friedlich zusammen, was vielleicht kitschig klingen mag, aber sehr gut schmeckte. Auf der Etage feierten wir jedes Semester ein großes Fest. Dazu stellte jeder ein Gericht aus seinem Land auf den Tisch. Man hu? Was ist das? Es war zum Beispiel Gemüse, Fisch und Reis in schwarzen Fischtang gewickelt. Das hatte eine Studentin über Stunden zubereitet. Und jeder, der in die Küche kam, hatte gestaunt: Man hu? Was macht sie da? Es war *Sushi*, das man zu jener Zeit allenfalls als Geheimtipp kannte. Man führte sich diese magenleichte Kost noch nicht als gestresster Geschäftsesser häppchenweise ein, um sich auf die Höhe der Zeit hinauf zu essen, um diese dadurch wieder einzusparen. Im Wohnheim geschah das Gegenteil: Wir aßen nicht schnell, dafür aber viel und alles auf. Die Sushi-Expertin hatte auch noch süße, in sehr viel Öl gebackene Bällchen zubereitet. So wurde der Magen schwer, den Tag danach konnte man kaum lernen, selbst wenn alle Professoren der Welt es befohlen hätten. Es schmeckte fremd und köstlich. Und auch diese Bällchen nannten sich: Man hu? Was ist das? So war das auf diesen Festen, als die Tische um viele unbekannte Speisen erleichtert wurden. Was war das nur, wer hatte es gemacht? Es war aus dem Himmel gefallen.

Einfach essen

Bilder, Filme und Geschichten über Jesus zeigen ihn kaum kauend. Meist hat er schon gegessen, oder man denkt: Jemand wie Jesus musste wohl nie essen. Wenn man in Kirchen und Predigten auf die Essgewohnheiten Jesu zu sprechen kommt, heißt es oft: »Er hielt Tischgemeinschaft.« So ein abstraktes Wort macht kaum Appetit, mehr von ihm genießen zu wollen. Dieser Wanderer führte kein üppiges Leben. Er lebte einfach – aber nicht nach ausgeklügeltem Plan: Wenn er fastete, dann gleich auf extreme Weise, nämlich 40 Tage und Nächte in der Wüste. Dann wieder konnte er das Essen und Trinken ausgelassen feiern. Wenn Jesus während seines Umherwanderns rastete, dann war er gewiss kein Vorbild für Mäßigung. »Was ist dieser Mensch für ein Fresser und Weinsäufer« (Matthäus 11, 19), wurde über Jesus zuweilen gesagt.

Wer ihm auf die Spur kommen will, muss nicht jahrelang trainieren, üben, meditieren, sich an gesunde, ausgewogene Kost halten, um einige Schritte auf seinem Weg mitzugehen. Nein, wer seine Macht erfahren will, wandert nicht nur, sondern hat sich auch zu setzen – an den Tisch. Aber kann das die Botschaft Jesu sein? Aufbrechen, wandern, miteinander essen? Es wirkt zu einfach, weil über diese Person schließlich unzählige wissenschaftliche Werke und Lexika verfasst wurden. Aber wirklich: Jesus feiert den Himmel, indem er mit anderen isst. Verwundert waren darüber bereits damals viele, die ihn fragten: »Die Jünger des Johannes fasten viel und verrichten Gebete, ebenso auch die Pharisäer; die deinen dagegen essen und trinken. Jesus erwiderte: Könnt ihr denn die Hochzeitsgäste fasten lassen, solange der Bräutigam bei ihnen ist?« (Lukas 5, 33.34)

Jesu Antwort ist ein Bildwort. Es weist in eine Hochzeit, bei der alle Schranken geöffnet sind. Es gibt keine Einladungsliste, auf der nur beste Freunde oder ehrenwerte Gäste stehen. Jeder darf sich als Gast beim Hochzeitsfest fühlen. Jesus ist der Bräutigam und wer mit ihm feiert, kann in die Rolle der Braut schlüpfen. Da jubelt eine Festtagsfreude, die mitreißt, mögen andere auch fragen: »Was hast du denn in deinem Leben schon zu feiern?« Im Stil einer Hochzeit zu essen, heißt ausufernd, mit großen Pausen zu speisen, um nach der Pause gleich wieder anzufangen – und das möglichst über mehrere Tage. Oder für die nicht ganz so überbordenden Festgewohnheiten unserer

Breitengrade gesprochen: Die Nacht wird zum Tag, der Morgen graut, da fühlt sich das Leben kostbar an. Und alles schmeckt. Vor allem, weil man Zeit zum Genießen hat. Ein Hochzeitsmahl ist eine andere Art des Kostens, ein Auskosten, es wird zelebriert.

Wenn man ausuferndes Essen als Himmelsahnung bezeichnet, darf allerdings nicht übersehen werden: Es gibt auch festlich angerichtete Essensformen, die nicht nur dem befreienden Genießen dienen. Trotzdem scheint die Begeisterung für diese Art von großen Tafeleien zu wachsen: Buffetempfänge, Weihnachtsfeiern, All-you-can-eat-Üppigkeiten. Bei diesen oft geschäftlich veranlassten Üppigkeiten werden eine Menge Speisen ausgebreitet. Sie wagen sich vor in immer neue Dimensionen bei Empfängen, Bällen, im Urlaub, bei Reisen in Hotels, die einige Sterne zieren. Dann allerdings geht es oft um anderes, als das Leben im Augenblick auszukosten, wie Jesus es tat.

Ich habe es erlebt. Es war ein Geschenk zur Hochzeit, ein Nach-Hochzeits-Arrangement, eine Nacht im mondänen Hotel. Am Nachmittag trafen meine Frau und ich mit unseren treuen, noch aus Jugendzeiten stammenden Wanderrucksäcken ein. Das Staunen war groß, als wir vom Bahnhof aus zu Fuß eintrafen, also keinen der hoteleigenen Parkplätze beanspruchten. Trotzdem blieb die Hoteltür nicht verschlossen, konnten wir doch den Gutschein zücken. Höhepunkt des gesamten Arrangements war – das Frühstück. Das klingt jetzt nicht extravagant, außergewöhnlich war es doch. Denn es gab alles. Und die Botschaft war: Auf keinen Fall wird es einmal nichts mehr geben, es wird stets nachgereicht. Dieses Frühstück war ein Symbol, das den Wohlstand feierte. Aber dieser war mit einer ungeheuerlichen Arbeit verbunden. Denn das Essen war nicht dazu da, es zu genießen. Es war eine ziemlich komplizierte Üppigkeit – eine zum Frühstückbuffet gewordene Sicherheit, die zugleich gefährdet schien. Geschenkt und an den Platz gebracht wurde einem nichts, man hatte sich alles zu holen. Die Gäste wirkten getrieben wie von einer Angst, von diesem Fest ausgeschlossen zu werden. Und die Frage war, ob es einem gelingt, möglichst viele oder die besten Früchte einzusammeln.

Ach, wo warst du nur bei jenem Buffet, Gelassenheit? »Wer sich nicht sputet, geht leer aus«, hieß stattdessen das Motto. Hätten wir uns doch den Wecker gestellt! Als wir in die Frühstücksräumlichkeiten eingezogen waren, umgab uns die Bahnhofsatmosphäre einer Großstadt. Und das in einer überschaubaren Kleinstadt, die mit der Gemütlichkeit des einen oder anderen Fachwerkbalkens warb. Es sah festlich aus. Nur wirkte das anders als jene Freude, die Jesus mit dem Bild vom Hochzeitsfest eröffnen wollte. Es unterschied sich auch von unserem eigenen Hochzeitsfest. Da hatten wir einen lang gehegten Wunsch wirklich werden lassen, mit vielen Menschen möglichst lange einfach nur zu feiern und zusammenzusitzen.

Bei dem Festgenuss im Hotel indes waren Bewegung und harte Arbeit gefragt. Eine Unruhe frühstückte, angetrieben von dem Gedanken, durch intensiven Fleiß den Preis für die Hotelnacht indirekt drücken zu können – möglichst auf Null. Denn wer alles und im Übermaß erwischte, konnte durchaus auf einen Frühstückspreis kommen, der eine dreistellige Euro-Zahl erreichte. Doch zunächst galt es, durch die Erlebnislandschaft Morgenbuffet hindurchzuschreiten, die zwischen der Eingangshalle und diversen Ecken des Tafelraumes wallte. Endlich: Der Stuhl. Ich blieb sitzen. Erst einmal. Die Bedienung kam: »Ich möchte Tee«, atmete ich auf. Wenigstens würde ich bei den Getränken nicht hetzen müssen, sie wurden gebracht. Dachte ich. »Den holen Sie sich selbst.« Kaffee sei das einzige, was ausgeschenkt würde. Die Auswahl an Tee aber sei so groß, dass der Gast selbst zu entscheiden habe. Also war auch das anders als bei den Festen, wo man einander etwas geben kann, weil man in Reichweite voneinander sitzt. Jetzt aber los in den Kampf! Das war kein ruhiges Gehen. Warum hetzte nun auch ich mich ab? Es war doch alles da! Und wenn sich ein Tablett oder einer der unzählbaren Körbe leerte, blitzten sogleich neue Eier, Brötchen, Croissants auf, Würstchen heiß glänzend, unendliche Sorten an Flocken, Obst und Käse. Dazu floss stets Orangensaft nach, ein Getränk, das kein Fruchtfleisch kannte, sondern möglichst glatt zu fließen hatte, und alle labten sich an ihm und an der Aussicht, ihn ins Glas zu füllen, an den Tisch zu tragen. Um dann wieder aufzustehen.

Am Ende meines Frühstücktragens war ich unzufrieden: So viel verpasst! Ich hatte die falsche Taktik gewählt. Beim Slalomgehen zwischen den Lockungen waren immer neue Aufgaben vor meine Augen getreten. Ich hatte ungeschickt begonnen: Schließlich hätte ich noch so viel Besseres nehmen können als das, was ich gegriffen hatte. Ich war satt, aber nicht gesättigt. Und ich überlegte, ob ich nun wenigstens weitertrinken sollte, damit wir das Nach-Hochzeits-Arrangement ganz und gar erfüllten. Neun der angebotenen Sorten Tee waren schließlich noch nicht durch meinen Gaumen geglitten.

Das Geschenk zur Hochzeit war üppig. Ein Fest am frühen Morgen, das sich dann allerdings als Kampf und Wettbewerb entpuppte. Das Sitzen, Lachen, Genießen am Tisch spielte allenfalls eine Statistenrolle. Und ich hielt vergeblich

Ausschau nach jener tiefen Sättigung, die sich erfahren lässt, wenn man nach einer anstrengenden Wegpassage eine Tasse Tee oder Kaffee findet. Oder wenn ich einen Apfel esse, der auf fantastische Weise Trinken und Essen in einem ist, die Trockenheit im Mund vergessen lässt und meinen großen Hunger beruhigt.

Der Herr
segne
dein Ruhen,
Sitzen und
Liegen.
Er segne
Früchte, Korn und alles,
was nicht geht,
sondern Wurzeln schlägt.
Er segne,
was nicht vergeht,
sondern aufgeht und immer wieder kommt,
all das Essen,
ohne das du niemals gehen könntest.

8
Quelle

Gott,
ganz tief
in mir
oder in weiter Ferne
ist ein Sprudeln,
ein vergnügtes,
leises Glitzern
das nicht endet.
Das bist du,
ahne ich.
Dich genieße ich.

Alle meine Quellen

D   Em

Al - le mei - ne Quel - len ent - sprin - gen in dir, in

A   D   Hm

dir mein gu - ter Gott! Du__ bist das Was - ser,

Em   A   D

das__ mich tränkt und mei - ne Sehn - sucht stillt.

Fis   Hm

1. Du bist die Kraft, die Le - ben schenkt, ei - ne

Fis   Hm   G

Quel - le, wel - che nie ver - siegt. Strö - me von le -

Em   A   A⁷

ben - di - gem Was - ser bre - chen her - vor.

2. Du bist der Geist, der in uns lebt,
   der uns reinigt, der uns heilt und hilft.
   Ströme von …

3. Du bist das Wort, das mit uns geht,
   das uns trägt und uns die Richtung weist.
   Ströme von …

4. Du bist der Glaube, der uns prägt,
   der uns stark macht, offen und bereit.
   Ströme von …

5. Du bist die Liebe, die befreit,
   die vergibt, wenn uns das Herz anklagt.
   Ströme von …

6. Du bist das Licht in Dunkelheit,
   du erleuchtest unsern Lebensweg.
   Ströme von …

T/M: Sr. Leonore Heinzl, © bei der Autorin

Lebendiges Wasser

Als Jesus erfuhr, dass den Pharisäern zu Ohren gekommen war, er gewinne und taufe mehr Jünger als Johannes – doch taufte Jesus nicht selbst, sondern sein Jünger –, verließ er

Judäa und begab sich wieder Nach Galiläa. Er musste aber durch Samarien reisen. So kam er zu einer Stadt in Samarien namens Sychar in der Nähe des Grundstücks, das Jakob seinem Sohn Josef geschenkt hatte. Dort war der Jakobsbrunnen. Jesus, müde von der Wanderung, ließ sich am Brunnen nieder. Es war ungefähr die sechste Stunde.

Da kam eine samaritische Frau, um Wasser zu schöpfen. Jesus sagte zu ihr: Gib mir zu trinken! Seine Jünger waren nämlich in die Stadt gegangen, um Lebensmittel einzukaufen. Da sagte die Samariterin zu ihm: Wie kannst du, ein Jude, von mir, einer Samariterin, zu trinken verlangen? Juden verkehren nämlich nicht mit den Samaritern. Jesus antwortet ihr: Wenn du die Gabe Gottes kennen würdest und wer es ist, der zu dir sagt: Gib mir zu trinken!, dann hättest du ihn gebeten, und er hätte dir lebendiges Wasser gegeben. Sie sagte zu ihm: Herr, du hast kein Schöpfgefäß, und der Brunnen ist tief. Woher hast du also das lebendige Wasser? Du bist doch nicht größer als unser Vater Jakob, der uns den Brunnen geschenkt und selbst daraus getrunken hat samt seinen Kindern und seinen Herden? Jesus antwortete ihr: Jeder, der von diesem Wasser trinkt, wird wieder Durst bekommen. Wer aber von dem Wasser trinkt, das ich ihm geben werde, wird in Ewigkeit nicht mehr Durst haben; vielmehr wird das Wasser, das ich ihm gebe, in ihm zu einer Quelle werden, deren Wasser in das ewige Leben sprudelt.

Johannes 4, 1–14

Kraftquelle

Eine Quelle, einen Fluss, Wasserfall oder Bach betrachten und sich dabei fragen: Was ist meine Quellkraft? In welchen Situationen sprudelt die Begeisterung? Was bringt mein Leben immer wieder neu in Fluss? In einer Gruppe kann man einander Beispiele geben: Garten, Backen, Schwimmen, Gehen, Lesen. Wie stetig man von Kräften gespeist wird, nimmt man oft kaum wahr. Es fällt einem erst im Rückblick auf, wenn es zu Stauungen oder Trockenphasen kommt. Wer in fließendes Wasser schaut, ist häufig überrascht und spürt deutlicher als sonst, wie sehr das Leben sprudelt.

Absteigende, aufsteigende und springende Quellen

Bei einer Quelle handelt es sich um einen Ort, an dem aus Niederschlägen gespeistes Grundwasser austritt. Absteigend nennt man sie, wenn der Druck an der Austrittsstelle dem atmosphärischen Druck entspricht. Ist der Druck größer als der atmosphärische, spricht man von einer aufsteigenden Quelle. Bei Springquellen bildet vulkanisch erhitztes oder mit Kohlenstoffdioxid versetztes Grundwasser wiederholt

Fontänen. Die Schüttung einer Quelle kann schwanken, auch unterbrochen sein. Man spricht dann von einem Hungerbrunnen.

Die Temperatur von Quellwasser ist gleichbleibend, wenn das Grundwasser tiefer als zwanzig Meter gelegen ist. Es entspricht der mittleren Jahrestemperatur, liegt also in tropischen Gebieten höher als in Mitteleuropa. Aufgrund dieser Konstanz kann Quellwasser als kühlend oder als wärmend empfunden werden, je nachdem, welche Lufttemperatur bei Berührung mit dem Wasser herrscht. Bei Thermalquellen allerdings liegt die Wassertemperatur über der durchschnittlichen Jahrestemperatur. Das wird in vielen Kurorten anschaulich, wo das Quellwasser in Außenbecken von Thermalbädern zu Dampfeffekten führt, selbst dann noch, wenn man dessen Ursprungstemperatur erheblich gemindert hat. Die wärmsten Thermalquellen in Deutschland mit 74 Grad Celsius befinden sich in Burtscheid bei Aachen.

Die wasserreichste deutsche Quelle ist der Aachtopf in der Nähe des Bodensees, aus dem überwiegend Wasser aus der Donauversinkung zu Tage tritt. Eindrücklich ist das Paderquellgebiet in der Innenstadt Paderborns, das aus mehr als 200 kleinen Quellen besteht. In ummauerten Quellbecken drängen 3.000 bis 9.000 Liter Wasser pro Sekunde an die Erdoberfläche. Einen besonderen Ursprung hat die Lahn. Die Quelle befindet sich im Rothaargebirge im Keller eines alten Mühlhauses. Auch die Fuldaquelle ist erwähnenswert: Dieser Fluss entspringt nämlich auf der Wasserkuppe, dem höchsten Berg Hessens. Manche Quellen sind gewässerkundlich nur schwer zu bestimmen. Prominentes Beispiel: der Rhein. Oft wird der Tomasee im Kanton Graubünden als Ursprung angesehen.

Sehnsuchtssymbol der Durstigen

Wasser hat eine nicht unerhebliche Bedeutung für Chemiker, Kurgäste, Physiker, Meeresbiologen, Energieversorger oder Trinkwasserexperten. Aber auch viele Mythen ranken sich um dieses Element. In der Bibel hat es einen großen Symbolreichtum. Ohne Wasser wäre so gut wie gar nichts möglich. Ganz im Anfang, wird erzählt, war es bereits da: »Die Erde aber war wüst und leer. Finsternis lag über dem Abgrund und der Geist Gottes schwebte über den Wassern.« (Genesis 1,2) Also noch ehe Gott sechs Tage lang am Stück an seiner Schöpfung arbeitete, gab es das Wasser, über das Gott seinen Geist spazieren führte.

In einer anderen der sogenannten Urgeschichten ist es ebenfalls kein überflüssiges Requisit, sondern ein extremer Protagonist: bei der Sintflut! Da brachen nämlich die Quellen der Tiefe auf, die Schleusen des Himmels öffneten sich. »Der Regen strömte auf die Erde vierzig Tage und vierzig Nächte lang.« (Genesis 7,12) Die Wasser der Sintflut bedeckten die Erde wie ein Kleid, Berge verschwanden, alles Leben ertrank. Und nur was schwamm, das blieb, allein die Arche samt Noahs Familie und den Tieren, erzählt dieser Mythos. Aus dem furchtbaren Unwetter entwand sich allerdings ein Anfang. Noah strandete und wurde Weinbauer, der erste der Welt. Eines Tages betrank er sich heftig. Aber warum? Womöglich konnte er kein Wasser mehr sehen, geschweige denn noch trinken.

Charakteristisch an der Form des Mythos: Was erzählt wird, ist kein auf die Vergangenheit beschränkter Vorgang. Stattdessen kommen allgemeinmenschliche Erfahrungen zur Sprache, also wird auch die Gegenwart beschrieben. Das wird beim Mythos von der Sintflut deutlich, weil das Wasser auch heute bei weitem nicht nur als Geplätscher auftritt. Es kann bedrohlich sein. Sturmwarnungen und Deiche sind nützlich, doch nützen sie nicht immer. Manchmal bleibt nur die Angst: »Rette mich, Gott. Die Wasser reichen mir bis an die Kehle. Eingesunken bin ich in tiefem Schlamm, es findet mein Fuß keinen Grund. Ich kam in die Tiefen der Wasser, die Fluten strömten hinweg über mich.« (Psalm 69,2) Der Stoff, der bedrohlich ist, kann freilich auch beleben. So lässt Gott, der Hirte, auf grüner Weide lagern: »Er führt mich an Wasser der Ruhe.« (Psalm 23,2) Gott kann den Weg zur Quelle weisen, ist dem Propheten Jeremia zufolge aber auch der Urgrund der Erfrischung, nämlich die »Quelle lebendigen Wassers«.

Das ist allein schon deshalb ein Ehrentitel, weil in vielen Gegenden Wasser kostbar ist. So ist in der Heiligen Schrift oft von Durst und Dürre die Rede. Das wird auch der Grund dafür sein, dass die Sehnsucht nah am Wasser aufkeimt. Mann und Frau am Brunnen – eine sehr liebevolle Angelegenheit für die Autoren der Bibel. Am Rasantesten ging dabei Jakob vor, der Rahel bereits bei der ersten Begegnung küsst, die Liebe seines Lebens. Darüber vergisst er aber nicht, ganz allein den schweren Stein von des Brunnens Loch zu wälzen. So finden die von Rahel zum Brunnen geführten Schafe und Ziegen frisches Wasser.

Wasser steht für Gefahr und kann zugleich ein strömendes Glück verkörpern: Vier Flüsse durchfließen das Paradies, heißt es eingangs der Bibel. Und auf der letzten Seite wird versprochen: Eines Tages wird der Schmerz ein Ende finden. Die Tränen werden getrocknet. Das Wasser allerdings wird nicht versiegen. »Wer Durst hat, der komme. Wer will, empfange das lebendige Wasser des Lebens umsonst.« (Offenbarung 22,17)

Oasenlust

Ein Volk von Pilgern zog durch die Wüste. Die Hebräer unter Leitung des Mose folgten der Wolkensäule, die ihnen die Richtung wies. Sie freuten sich auf Milch und Honig, die auserwählt waren, ihren Mündern bei der Ankunft im Gelobten Land ein Fest auszurichten. Doch während der ersten Tage in Freiheit fühlten sich Zunge und Gaumen der Pilger trocken an. »Immer Wolken vor Augen, regnen tun sie nie«, ärgerte man sich. »Drei Tage wanderten sie, aber es fand sich kein Wasser«, heißt es im Buch Exodus. Drei Tage ohne Wasser – das ist das Gegenteil von dem, was Ärztinnen, Krankenpfleger oder Ernährungswissenschaftler empfehlen: »Am Tag mindestens zwei Liter trinken!« Insbesondere im Alter sei das entscheidend. »Wieder zu wenig getrunken!«, bilanziere ich für mich oft am Ende eines Tages – was umgekehrt bedeutet: »Zu viel schwarzer Tee.« Denn ihn, sagen Experten, müsse man von der Wasserzufuhr subtrahieren, genauso wie Kaffee. Bei diesen aufputschenden Getränken handle es sich nämlich um Gegner der Erfrischung, da sie dem Körper Wasser entziehen.

So gerechnet hatte ich schon Tageswerte, in denen ich nicht nur unter die empfohlenen zwei Liter, sondern in apokalyptische Minusbereiche sank. Es ist wohl eine der überragenden Aufgaben unseres Zeitalters, in den Körper Wasser einzuführen, um am Ende des Lebens resümieren zu können: Nicht einen Tag Durst gehabt! Da irritiert, dass Gott das von ihm erwählte Volk geradewegs in den Durst zu schicken scheint. Eben noch hat es nicht gerade Geringes vollbracht, sich nämlich von einem militärisch potenten Unterdrücker befreit. Und jetzt? Es findet nicht eine Wasserstelle. Endlich aber kommen sie nach Mara, wo sich eine Quelle befindet. Die Hebräer freuen sich! In diesem Augenblick wird niemand an die Süße des Landes gedacht haben, in das man pilgerte. Hauptsache: Der Mund wird endlich einmal frei von dieser Trockenheit. Glück strömt vor den Augen. Wie wenn man bei Hitze wandert, die die Wasserflaschen leert. Da – ein Brunnen! Und dann? Ein Schild: Kein Trinkwasser. »Aber sie konnten das Wasser von Mara nicht trinken, denn es war sehr bitter.« (Exodus 15, 23)

Der Ortsname unterstreicht die Warnung, denn er bedeutet: bitter. Vielleicht schmeckte das Wasser nicht anders als in manchen Kurstädten. Dort kann man sich frei zugängliches Heilwasser in die Hand träufeln lassen. Und dann? Schwefel im Mund. »Da murrte das Volk gegen Mose und sagte: Was sollen wir trinken?« (Exodus 15, 24) Ein Fest hatte vor Augen gestanden, die Enttäuschung ist herb.

Das kann man nicht nur auf Wanderungen unter freiem Himmel erleben. Ich etwa breche gern erwartungsvoll zu Festen oder Empfängen auf, freue mich auf belebende Flüssigkeiten. Sie lassen sich jedoch nicht immer genießen. Zwar liegt dann objektiv gemundet eine erfrischende Flüssigkeit auf der Zunge, doch subjektiv schmeckt das Getränk bitter. Einmal tauchte ich bei einer dieser Wanderungen durch das Festgeschehen in eine Unterhaltung ein. Bald holte ich mir ein neues Glas des prickelnden Getränks. Der Mensch, der mich angesprochen hatte, war nämlich unterhaltsam. Witzig erzählte er nicht allerlei, sondern persönlich von sich. Er checke, sagte er, nicht zuletzt bei Freunden und Bekannten Versicherungen, um ihnen einen günstigeren Mix zu vermitteln. Der Beruf interessierte mich, schließlich betätige ich mich selbst als Händler – von Geschichten.

»Und wie steht es mit dir?«, fragte er. Streng betrachtet handelt es sich dabei um eine offene Frage, auf die sich alles Mögliche antworten lässt. Ich erriet, dass die Frage dann doch nicht ganz so offen gemeint war: »Ich habe mich einst für den Versicherungsanbieter entschieden, der mich anders als sein Konkurrent nicht ständig anrief und erklärte, dass sein Angebot viel günstiger sei.« »Meine Bekannten und Freunde freuen sich aber sehr, wenn ich helfe.« Ich nippte an meinem Glas: Das Getränk begann auf verdächtige Weise an den Namen *Mara* zu erinnern. »Ich kann das, glaube ich, ganz gut nachvollziehen«, antwortete ich, ein Theologe, der viele Jahre darin ausgebildet ist, einen – wenn es darauf ankommt – mitfühlenden Tonfall anzustimmen: »Ich weiß doch selbst, wie wichtig das ist, Bekannte und Freunde als potenzielle Kunden zu betrachten.« Mit Büchern treiben nicht nur meine Verlage, sondern auch ich sehr gern Handel. Das genügte. Meine solidarische Entgegnung garantierte, dass das bereits auf der Zunge liegende Terminangebot zum Durchchecken meines Versicherungslebens storniert wurde. Ich war frei! Das Getränk in meiner Hand allerdings war an diesem Abend nicht mehr in der Lage süß zu schmecken.

Zurück zu den Durstigen in der Wüste, die am Ort Mara weder an Bücher noch an Versicherungen dachten. Sie hatten ein Fest vor Augen. Sie tranken und spuckten. Sie waren frei, aber noch immer durstig und verzweifelt. Da half kein Stab in der Hand. Das Feuer des Dornbuschs, das Mose in Bewegung gesetzt hatte, tat im Nachhinein weh. Und die Wolkensäule, diese bewegungseifrige Orientierung, konnte die Ratlosigkeit des hebräischen Führers nicht vertreiben. »Er aber rief zum Herrn, und der Herr zeigte ihm ein Holz. Als er es in das Wasser warf, wurde das Wasser süß.« (Exodus 15, 25)

So legte sich das Glück auf die Zungen der Pilger, und zwar weit entfernt von ihrem Ziel, dem Gelobten Land. Drei Tage und Nächte hatten sich die Geborgenheitssucher medizinisch furchtbar unkorrekt verhalten und nicht getrunken. Gott hingegen hatte offenbar ein anderes Verständnis von Gesundheit. Denn er, der an dem unsteten Trinkleben der Hebräer nicht gerade unschuldig war, kommentiert: »Ich bin der Herr, dein Arzt.« (Exodus 15, 26)

Auf dem Flaschenetikett des Mara-Wassers stand keine Analyse eines Lebensmittelinstituts. Es wurde noch nicht mal in Flaschen gefüllt, sondern frisch geboren landete es in der Hand und dann sofort im Mund – süß! Die es schluckten, hatten also nicht geprüft, ob es das richtige Verhältnis von Magnesium und Calcium enthielt. Selbst den hebräischen Babys wurde davon gegeben, es wurde nicht darauf geachtet, ob es natriumarm ist. Dennoch fühlten sich die durstigen Pilger verarztet.

Moses Stockwurf an der Quelle zu Mara, als das Bittere in Süßigkeit mündete, ist ein biblisches Wunder. Das gibt es auch heute noch! Damit meine ich weniger den Ratschlag, den erfahrene und manchmal auch als weise bezeichnete

Menschen für Jugendliche parat haben, wenn diese kopfschüttelnd monieren, ein Getränk namens Bier würde überhaupt nicht schmecken, weil es zu bitter sei. »Einfach: Trinken! Trinken! Trinken!«, bekommen die Jugendlichen als Tipp: »Dann verliert sich das Herbe ganz von selbst.« Nein, auch bei anderen Getränken ist heute ein Mara-Wunder möglich.

Eines Tages stand in meiner Kindheit auf dem Küchentisch eine Kanne schwarzer Tee. Ich weiß nicht, wieso – von nun an aber war das so. Meine Brüder und ich erhielten ein Kurz-Referat über das Getränk: »Völlig ungefährlich – auch für Kinder«, sagte meine Mutter. Eine kühne These, würden heutige Gesundheitsexperten einmal mehr beanstanden. Der schwarze Tee am Frühstückstisch war bitter. Indem ich nun gelegentlich übte, milderte sich das ab. Manchmal trank ich gar eine Tasse, bevor ich zur Schule aufbrach. Damals achtete auch das Lehrpersonal noch nicht darauf, dass sich Kinder in der Schule stetig gesunde Flüssigkeit zuführen. Ich lebte als Junge medizinisch betrachtet in der Steinzeit. Wir tranken und dürsteten noch wie Höhlenmenschen. Oder war meine Mutter – ohne dass ich es wusste – doch schon über all das informiert und wollte gegen ein zwanghaftes Flüssigkeitsmanagement intrigieren?

Nach Etablierung des schwarzen Tees am Frühstückstisch gab sie das Getränk bald auch in die Schule mit, indem sie das von ihr so genannte *Fläschelein* füllte. Der verharmlosende Name für den Halbliter-Behälter inklusive seines suchtgefährdenden Inhalts nährt den Verdacht: Es handelte sich um Tarnung. Raffiniert außerdem: Damals klang das Wort Tee fast noch natürlich, wenigstens leistungsfördernder als etwa Capri-Sonne Orange oder Sunkist-Kirsch, wie käuflich zu erwerbende Konkurrenten hießen.

Dem Namen *Fläschelein* zum Trotz lag mir das Schwarz-
getränk weiterhin bitter auf der Zunge. Die für das Gebräu
Verantwortliche brachte das nicht aus dem Takt. »Auf Dauer wird es wohl nicht ohne Drogen gehen«, mochte sie denken. Der Tee hatte vermutlich den Sinn, die bis in den frühen Abend ausfransenden Schultage eines nicht immer
süßen Ganztagsschullebens zu überstehen. Ich aber fand
nicht das Holz des Mose, um das Getränk in Süße verwandeln zu können. Bestenfalls halb geleert brachte ich die
Plastikflasche heim, wo der Rest dann in der Spüle landete.
Die Teeabfüllerin blieb konsequent: »Nur mit Bitterem
kommt man gegen Bitteres an.« Das schien der Wahlspruch
zu sein, mit dem sie die drogenstarke Trickserei auf die
Spitze trieb. In die Flüssigkeit wurde jetzt Zitrone geträu-
felt. Da war der schwarze Tee seines Namens ledig, er sah
fast weiß aus, die Wirkstoffe freilich blieben. Dazu Zucker.
Die Verwandlung bemerkte ich erst nach und nach – und
habe mir das ohnehin erst Jahre nach der Schule zusam-
mengereimt. Damals trank ich den geweißten Tee noch immer nicht zur Neige – trotz der beigefügten Freundlichkeit.
Ich ahnte nicht, dass das Wunder nahe war. So ungläubig
können zuweilen Kinder sein.

Die Verwandlung geschah letztlich ähnlich, wie sie
auch das wandernde Volk in der Wüste erlebte. Mein Durst
war so ungeheuer groß geworden, dass ich nicht mehr anders konnte als der Macht des *Mara-Wassers* zu trauen. Das
Getränk, es wurde süß, nicht beim Schulstuhlsitzen, sondern unterwegs, während der Rast im Zug am Ende des
Tages, wenn ich kaum noch Kräfte hatte, gegen Abend, es
dunkelte – da fuhr ich zurück, es geschah bei meinem täg-
lichen Nomaden- und Pendelwesen. Vor dem Durst war ich
oft gerannt, um den Zug zu erwischen. Wenn ich keuchend

auf die Sitzbank mit dem geriffelten, roten Kunststoffüberzug sank, fiel Sekunden später der Blick auf den Grenzfluss Rhein, der das Schulland Rheinland-Pfalz vom Wohnland Hessen trennte. Oasen- und Rastgefühle. Da endlich wurde für mich alles süß – während des Lagerns im Zug.

Auch für die Hebräer lagen befreiendes Trinken und Oasengefühle dicht beieinander. Denn Gott, der Arzt, hatte sie nicht nur gelabt, sondern wollte sie auch lagern lassen. Die Rast war heilsam für die, die vor lauter Durst und Sehnsucht nicht mehr weiter gewusst hatten. »Und sie kamen nach Elim; da waren zwölf Wasserquellen und siebzig Palmbäume. Und sie lagerten sich dort am Wasser.« (Exodus 15, 27) Nach Flucht, Meeresangst, Durst und dem befreiend-süßen Wasser war das jetzt so schön wie Urlaub. Eben noch geizte das Leben mit Erfrischungen, nun lagen sie den Hebräern zu Füßen. Dazu Palmen – die hatten sie erreicht, ohne einen Flug gebucht zu haben, allein zu Fuß waren sie in ihren Schatten geraten.

Die von Milch und Honig träumten, lebten in der Wasseroase Elim auf. Sie hatten ihr Ziel noch lange nicht erreicht, konnten aber ihre Sehnsucht leben, mussten sie nicht leugnen. Sie trieb sie auch nicht quälend an. Selbst die Wolkensäule machte Pause, ließ sich nieder und stand still. So kommen an plätschernden Wassern viele zur Ruhe. In dem Freibad, in dem ich meine Oasenzeiten oft verbringe, erklimmt vom Becken aus eine Wiese Terrassenstufe um Terrassenstufe den Hang. Auf diese Weise hat man der Begabung des Menschen, sich auf dem Lebensweg zu unterbrechen, einen erfrischenden Ort geschaffen.

Damit der Oasenplätze aber noch nicht genug: Viele Cafés liegen am Fluss, das kann kein Zufall sein. Man findet auf ihren Terrassen kaum einen Platz, um etwas zu trinken.

Egal: Ich packe die Wasserflasche ein, und dann nichts wie raus an das Ufer des Mains – ganz ohne Terrasse liege ich dort auf der Wiese. Schiffe gleiten, meine Augen ebenso und ruhen doch zugleich, weil sie so viel Wasser sehen. Es ist im Mund, ich sehe es zu meinen Füßen, dazu die Weinberge im Hintergrund, die davon träumen lassen, welch wunderbarer Geschmack heranwächst. Am Fluss liegen nicht wenige Oasenanbeter – genauso aber auch an Badeseestränden, die sich mit sanftem Schwung zum Wasser öffnen. Der Lebenspilger lagert dort, weil Quellen und Gewässer beleben können. Man tut nichts, vergisst sogar, ins Wasser zu gehen, die Füße gleiten mit immer neuen Ideen durch den Sand, sie formen Hügellandschaften und malen überraschende Bilder. Der eine Fuß gräbt sich ein, der andere gibt den Sand dazu, sie müssen jetzt nicht gehen, rennen, können rasten oder spielen, sind schon viele Jahre lang auf dem Weg und fühlen sich in solchen Augenblicken angekommen. Sie werden trotzdem weiterlaufen, immer tiefer in die Geborgenheit hinein, die sich dem öffnet, der aufbricht und geht. So wird es den Wüstenpilgern an den Quellen zu Elim ergangen sein: Auch wenn sich kein Tropfen Honig oder Milch für ihre Zungen fand, schmeckte das Leben in diesem Augenblick paradiesisch.

Der Herr
segne
und beregne dich.
Er kühle
und beruhige dich.
Er lisple
und umwispere dich.
Er gurgle
und umtose dich.
Er umfasse
und trage dich.
Er verwandle
und erfrische dich.

8. Quelle

9
Erschöpfung

Sieh doch, Gott,
schau nicht weg:
Müde bin ich,
finde keine Ruhe,
will nicht mehr,
höchstens einen Schritt noch,
und dann stehen bleiben,
sitzen, liegen, schlafen.
Geh nicht fort!
halt aus bei mir,
halt mich aus.
Geh weiter!
Nimm mich mit.

Aber du weißt den Weg für mich

♩ = 69

Gott, lass mei-ne Ge-dan-ken sich sam-meln

zu dir. Bei dir ist das Licht, du ver-

gisst mich nicht. Bei dir ist die Hil-fe, bei

dir ist die Ge-duld. Ich ver-ste-he dei-ne We-ge nicht, a-ber du weißt _ den Weg _ für mich Gott.

T: nach einem Gebet von Dietrich Bonhoeffer, M: Taizé,
© Ateliers et Presses de Taizé

9. Erschöpfung

Nichts Neues unter der Sonne

Windhauch, nur Windhauch, so spricht Kohelet; Windhauch, nur Windhauch. Alles ist Windhauch. Was bleibt dem Menschen von all seiner Mühe, womit er sich abmüht unter der Sonne?
Ein Geschlecht geht und ein anderes kommt; /
doch die Erde bleibt ewig bestehen.
Die Sonne geht auf und die Sonne geht unter /
und eilt an ihren Ort, wo sie aufgeht.
Er weht nach Süden, dann wendet er nach Norden; /
er dreht sich, kehrt um, kommt wieder, der Wind; /
so wiederholt der Wind seinen Umlauf.
Alle Flüsse laufen ins Meer, /
doch wird das Meer nicht voll.
Zum Ort, wohin die Flüsse gehen,
dahin geht ihr Lauf immer wieder. /
Alle Dinge mühen sich ab. /
Keiner vermag alles auszudrücken, das Auge wird nicht satt beim Sehen /
und das Ohr nicht vom Hören voll.
Was gewesen ist, dasselbe wird wieder sein, /
und was geschehen ist, wird wieder geschehen:
Nichts Neues gibt es unter der Sonne.
Sagt man von etwas: /
Sieh, das ist neu!, so war es schon längst zu den Zeiten, /
die vor uns gewesen sind.
Kein Gedenken bleibt den Früheren; /

aber auch den Späteren, die kommen werden, wird kein
Gedenken bleiben /
bei denen, die noch später sind.

Kohelet 1, 1–11

Den Schmerz mitnehmen

Gewöhnlich reagiert man auf Beschwerden so, dass man
sich ihrer entledigen will, was vernünftig und logisch ist.
Manche Erschöpfung oder Enttäuschung lässt sich aber
nicht einfach überwinden. Man sollte sich dann nicht noch
dafür entschuldigen müssen, dass man Schmerzen hat.
Wenn man auf dem Weg Erschöpfung spürt, sie also ruhig
einmal zulassen und nicht übergehen. Bewusst auf den
Schmerz in Knie, Schulter, Fuß oder Hüfte achten. Ihn nicht
als Gegner sehen, der mundtot gemacht werden muss. Den
Schmerz stattdessen gleichsam mitnehmen, mit ihm gehen.
Zuweilen kann sich Erleichterung einstellen, wenn man
aufhört, ihn unbedingt hinter sich lassen zu wollen.

Fremdgehen

Unter denen, die sich vor vielen hundert Jahren zu den gro-
ßen christlichen Pilgerzielen aufmachten, gab es auch
Kranke und Behinderte. Sie zogen mit der Hoffnung auf
Heilung los. Von Blinden ist die Rede, die sich von Beglei-
tern führen ließen. Es gab sogar Gelähmte, die sich auf dem
Weg *schleppten und schleiften,* wird berichtet.

Die Pilger hofften auf ein Wunder, aber gewiss nicht
nur: Es wird sie auch etwas angetrieben haben, das nicht
in der Wiederherstellung von Wohlversehrtheit liegt. Denn
wer pilgert, weicht dem Gefühl der Schwere und Vergeblichkeit nicht aus, wie auch der Lebensweg insgesamt
schmerzhafte Passagen kennt. Der Apostel Paulus, der nahezu ständig auf Reisen war, hat das Leben sogar als ein nie
ganz zu beseitigendes Gefühl von Heimatlosigkeit verstanden. Man habe es nämlich, so sagt er, zu verbringen »fern
vom Herrn auf Reisen, solange wir im Leibe wohnen.«
(2 Korinther 5,6)

Neben den Mönchen, die den *Stabilitas loci* verfolgten,
gab es auch vagabundierende Asketen, die nicht im Kloster
blieben, vor allem im östlichen oder iroschottischen Bereich. Sie wussten: Ihr Gehen ins Ausland, in die Bindungs-
losigkeit, ist kein bloßes Wanderabenteuer. Es ging ihnen
nicht – zumindest nicht nur – um das angenehme Gefühl
von Freiheit. Stattdessen akzeptierten sie bewusst, dass das
Leben *Xeniteia,* Fremdlingsschaft, ist. In einer syrischen
Schrift des 6. Jahrhunderts heißt es: »Diese Asketen leben,

ohne sich zu den eigentlichen Mönchen zu zählen – von Bettel und Entbehrung, einzeln oder auch in Genossenschaften völlig ungebunden umherschweifend. Im Winter übernachten sie in irgendeinem Unterschlupf, im Sommer unter freiem Himmel. Ihr höchster Ruhm ist es, wenn man sie gelegentlich für blödsinnige oder verworfene Landstreicher hält und ihre Demut damit auf die höchste Probe stellt.«

Diese Mönche lassen sich als religiös motivierte Clowns ansehen. Als Inspiration dient ihnen die sogenannte Narrenrede des Apostels Paulus. In ihr wird die Torheit Christi gefeiert, eine Art von Weisheit, die in den Augen der geachteten Weisen lächerlich erscheint. Heilige Narren, religiöse Clowns und vagabundierende Mönche finden sich auch in der jüngeren Vergangenheit. Die Romane des im 19. Jahrhundert lebenden Fjodor Dostojewski malen ein lebendiges Bild von ihnen. Und auch in der Gegenwart gibt es sie: So spielt etwa in Andreas Maiers Roman »Sanssouci« ein durch Deutschland wandernder russischer Mönch eine entscheidende Rolle, eine Figur, die nach Aussagen des Autors einen realen Hintergrund hat.

Das Leben streng askese- oder pilgertheoretisch als fortwährendes Wandern in der Fremde zu empfinden, wird vielen heute veraltet oder extremistisch vorkommen. Andererseits zeigt die immer wieder aufkeimende gesellschaftliche Diskussion um das Thema Heimat: Viele vermissen offenbar Geborgenheit, weil sie sonst nicht darüber sprechen würden. Wer heute pilgert, sucht vielleicht nach solcher Geborgenheit, nach einer Heimat, die nicht an Ortschilder und Landesgrenzen gebunden ist. Um ihr auf die Spur zu kommen, geht man in die Fremde. Und dieses Fremdgehen ermöglicht es, sich selbst als fremd zu begreifen und sich auch vielleicht gerade dadurch wieder näher zu kommen, sich neu zu entdecken.

Wer wandert, ist jedenfalls bereit, Befremdung und Schmerzen nicht zu übergehen: Da sind Blasen, Erschöpfung, Durst. Auf dem Weg ist man nicht geschützt. Das gilt nicht nur für Einzelgänger: Auch organsierte Prozessionen scheuen nicht die Dunkelheit, man wandert zuweilen nachts. Und stets ist das uralte Symbol des Schmerzes mit dabei, das Kreuz, dieses Sinnbild totaler Erschöpfung. Die Wallfahrt zum Kreuzberg etwa, dem sogenannten heiligen Berg der Franken in der Rhön, zeigt: Das religiös motivierte Gehen in der Natur ist keine Form der Wellness. Innerhalb von vier Tagen legen die Wallfahrer zwischen 150 und 220 Kilometer zurück. Und es gibt auch nicht nur ein Kreuz, sondern zwei, ein schweres und ein leichteres. Denn jeder und jede soll das Symbol des Leidens für eine Strecke tragen können.

Abrüstung

Ein oder zwei Jahre seines Lebens war Jesus zu Fuß unterwegs. Er lebte als Wanderer, hatte kein festes Ziel, war einmal dort, dann wieder da, blieb und ging und ließ sich treiben. Dann aber steuerte er doch ein Ziel an: »Sie gingen den Weg hinauf nach Jerusalem. Und Jesus ging ihnen voran«, heißt es im Markusevangelium. Jerusalem – das ist mehr als eine Ortsangabe. Dorthin zu gehen, war für Jesus nicht ungefährlich. Er hatte ein Königreich der Einfachheit ausgebreitet, das andere verunsicherte. Sein freies Gehen störte, es war vielen nicht geheuer. So kam es, dass das Einfache beseitigt werden sollte.

Und Jesus? Er weicht der Gefahr, die ihn in Jerusalem erwartet, nicht aus. Der stete Wanderer genoss das Leben. Vielleicht machte ihn das so mutig, dem Schmerz offen zu begegnen? Er vertuschte nicht, dass das Leben nicht nur glatt verläuft. Jesus ließ sich nicht von einer Unzahl von Lebenszielen durchs Leben treiben. Doch dann geht er geradewegs in den Schmerz hinein. Damit stellt er auf den Kopf, was üblich ist. Die immer den direkten Weg anstreben, werden erfinderisch im Bogenschlagen, wenn sie Schmerz, Gefahr, Vergänglichkeit bemerken. Wenn etwas kränkt oder man krankt, wird es schon Pillen geben: »Geh zum Arzt!«, heißt es, »da wird etwas zu machen sein.«

Oft werden ausgerechnet diese sich souverän gebenden Menschen ungewöhnlich fahrig, wenn sie sich dem gegenüber sehen, was in den Evangelien »Jesu Weg nach Jerusalem« genannt wird. Dieser Weg aber ist natürlich. Die Lebensreise ist nicht immer lustig-jugendlich und erfolgversprechend. Da gibt es Sackgassen, man verirrt sich, es warten staubige Passagen. Man holt sich Schrammen. Dennoch sind Falten merkwürdigerweise verpönt. Sie werden als Zeichen dafür verstanden, dass man falsch lebt. »Man kann die Haut auch pflegen!« Die wachsenden Spuren im Gesicht erzählen aber nur, dass man lebt – und nicht nur so tut, als ob.

Die Glätte freilich scheint das Lebensprinzip in vielen Büros zu sein, an den glitzernden Arbeitsstätten, in den Zügen, Bussen, die täglich in Richtung Tüchtigkeit verkehren. Die frischen Anzüge und Kostüme am Morgen wirken, als ob sie Botschafter eines nie versiegenden Brunnens seien. Trifft man aber nur noch Kleidung in Einheitsfarbe, gleichem Schnitt und Stil, kann das an eine Uniform erinnern. Die ausgesuchten Stoffe dienen als Rüstung, mit der Angriffe abzuwehren sind. Womöglich werden unter den Rüstungen Verletzungen versteckt? Dann wird das Leben als Schwerelosigkeit inszeniert. Und die Alterslosigkeit ist zum Ideal erhoben. Das erfordert allerdings einiges an Körperarbeit. Viele buchen eine Verjüngungskur. Sie ist freilich nur ein anderes Wort für den Wunsch, Ärger und Schmerz aus dem Leben hinaus zu bitten. »In fünf Jahren werde ich zehn Jahre jünger sein«, lautet ein Witz aus der Welt der Wellness-Stätten.

Das ist gewiss ein Grund, warum beim Pilgern viele überraschende und sehr persönliche Begegnungen möglich sind: Die Kleidung taugt kaum als Verkleidung, man trägt sie nicht, um in Konkurrenz miteinander zu treten. Man hat stattdessen an, was dem Gehen unter freiem Himmel dient. Und man muss sein Alter nicht verstecken, was sich angenehm normal anfühlt.

Oft dürfen alte Menschen nämlich nur noch möglichst alterslos auftauchen. Immer wieder ist die Rede davon, wie ungemein lebendig, aktiv die eigentlich doch gar nicht alt zu nennende Generation der Alten sei. Sie überholen die Jungen mit dem Rennrad, sind ständig und ungemein interessiert, wollen und sollen bitteschön auch noch sehr viel lernen. Hat sie das Leben etwa nichts gelehrt? Attraktiv könnte es sein, wenn man gerade wegen seines Alters geachtet würde. Dann müsste man auch nicht so tun, als ob noch ein ganzes Leben vor einem liege. Das kann doch nicht so schrecklich abwegig sein, wenn man darauf hofft, dass das Leben im Lauf der Jahre an Größe gewinnt – trotz des

Schmerzes, der einem begegnen kann. Das Leben ist ein Wachsen, es kann einen reifen lassen. »Was ist denn das für ein Opi?« So habe ich noch nie jemanden über einen alten, großen Baum mit ausladenden Ästen spotten hören, selbst wenn er Verkrustungen oder Bruchstellen kennt. Kraftvoll sind alte Bäume und überragen die jungen, biegsamen und vorsichtigen Gewächse, weil sie um vieles mehr erlebt haben.

Jesus, ein Fußgänger, ist auf dem Weg hinauf nach Jerusalem. Das Einfache des Lebens sollte sich behaupten gegenüber denen, die es für lächerlich erklären wollten. Jesus leugnet die Verletzbarkeit des Menschen nicht. Demgegenüber gilt oft als bedeutungsvoll, wer sich unantastbar zeigt. Belastbarkeit – das wird in der Berufswelt hoch gehandelt. Dank einer dicken Haut würden sich Angriffe abwehren lassen. Das Ideal der Unverwundbarkeit ist aber auch nur eine Uniform, unter der die Haut zu allergischen Reaktionen neigt, weil sie sich nach Berührung sehnt. Was bedeutet eigentlich Belastbarkeit genau? Bildlich gedacht: Lasten werden auf Menschen gelegt, eine nach der anderen. Das allerdings darf und soll man nicht zeigen. Aufrecht soll man gehen, lächelnd und beschwingt. Zum Arzt geht man dann besser heimlich. Auch abends nach der Arbeit wird die Last verschwiegen, selbst unter Freunden. Irgendwann aber seufzt der geübte Uniformträger dann doch. Plötzlich bricht es aus einem heraus – nach vielen lächelnd verbrachten Monaten voller Lasten, die unsichtbar getragen wurden. Sichtbar werden diese erst, wenn Tränen fließen. Aber auch das soll möglichst im Verborgenen geschehen, weil es sonst womöglich heißt: »Das wirkt ja fast schon pathologisch.«

Die Belastbarkeit ist in meinen Augen ein zweifelhaftes Ideal. Der Mensch ist nicht dazu geschaffen, Gewichte zu schleppen, ohne dass das jemals sichtbar werden dürfte. Das können vielleicht Zauberer. Jesus war keiner. Im Leben gibt es natürlich Belastungen, das zu bestreiten wäre illusorisch. Sie werden freilich untragbar, wenn man ständig zu signalisieren hat: »Macht mir nichts aus!« Das ist keine Stärke, nimmt man Jesu Weg nach Jerusalem zum Maßstab. Manchmal staune ich, wie viele Anstrengungen ein Mensch auf seinem Lebensweg tragen kann. Diese Menschen verschweigen dann aber nicht das Schwere, das sie erleben mussten. Mit dem Schlimmen wirken sie in einem geheimnisvollen Einklang. Das Dissonante darf tönen, wird aber nicht verklärt. Die Stimme wirkt dann überraschend leicht und frei. Dieses Lastentragen ist allerdings nicht das, bei dem die zu schleppenden Gewichte verschwiegen werden. Was in den Kampfbahnen des Gelingens zählt, ist Fassade, eine pure Oberflächenkunst.

Ich glaube: Um Lasten tragen zu können, ist entscheidend: Hat man das Gefühl, mit ihnen einen Weg zu gehen, der Sinn verspricht? Sind es also Beschwernisse, die ich tragen kann, weil sie nach und nach eine tiefe, vielleicht auch nur verborgene Bedeutung ergeben? Dann können mir ungeahnte Kräfte zuströmen. Wie sich auch beim Pilgern aus einer tiefen Erschöpfung heraus manchmal eine nicht für möglich gehaltene Kraft entwinden kann. Und ich kann gar nicht sagen, woher sie kommt. So können Lasten sich verwandeln – und auch mich. Sie werden tragbar, man muss sie nicht leugnen, muss sich auch nicht zum Lächeln zwingen. Und manches Mal spielt sich genau dann ein Lächeln aufs Gesicht, weil es nicht erzwungen ist. Ich stelle mich dem Leben in seiner Größe. So geht Jesus hinauf nach Jerusalem.

Selbst wenn ich nur kurz hinter meine Fassade schauen lasse, kann sich endlich einmal das ganze Leben zeigen. So biegt man auf den Weg Jesu ein, der den Schmerz nicht betäuben wollte. Ich brauche mich nicht mehr zu verstellen! Und spüre Erleichterung. Das bedeutet nicht, dass man den Lebensweg jetzt nett und immer ausgeglichen ginge. Die Jünger entsetzten sich! Die mit ihm gingen, fürchteten sich, heißt es. Es droht der Verlust des Gewohnten. Jesu Weg bezeugt die Einfachheit des Lebens, aber er verspricht keine Einfachheit im lieblichen Sinn. Jesus lockt, aber er warnt zugleich entschieden: Wer mit ihm gehen wolle, sagt er, »nehme sein Kreuz auf sich und folge mir nach. Denn wer sein Leben retten will, der wird's verlieren. Wer sein Leben verliert um meinetwillen und um des Evangeliums willen, der wird's gewinnen. Denn was hülfe es dem Menschen, wenn er ganze Welt gewönne, aber seine Seelen Schaden nähme?« (Markus 8,34–36)

Sein Kreuz auf sich nehmen: Manchmal klopft das Herz, wenn man vom üblichen Weg abkommt, aus ihm ausbricht oder ausbrechen muss. Es folgen Schritte, die nicht sicher sind. Aber, sagt Jesus: In einem anderen Sinne ist es ein Gewinn. Es kann sogar sein, dass gerade das eine Wohltat ist. Lasten tragen, ohne es wirklich zu wollen – das macht nämlich nicht froh, man büßt das Leben ein. Die Seele nimmt Schaden, verkümmert, rostet, zerknittert, apathisch wird man – mag ich auch allgemein anerkannt sein und alles Mögliche auf der Habenseite verbuchen. Man mag dann noch etwas weitermachen – wie fremdgesteuert. Die Seele aber klagt früher oder später das Recht ein, jene Melodie zu spielen, die einen rettet und das Leben gewinnen lässt – trotz Kreuz.

Der Schmerz selbst allerdings ist nicht befreiend. In den seltensten Fällen ist er genießbar. So geht Jesus auf die ihn in Jerusalem erwartende Gefahr nicht zu, weil er ein Verfechter des Leidens war. Das Leben war für ihn kein ständiger Schmerz, sollte es auch nicht sein. Im Gegenteil! Sonst hätte er Menschen nicht von Schmerzen geheilt. Das allerdings waren jene, die gewagt hatten zu sagen: »Es ist genug! Ich kann nicht unablässig funktionieren, will nicht handlich sein und klein. Den Weg, den andere von mir erwarten, werde ich auf Dauer nicht gehen, kann ich dadurch vielleicht auch alle möglichen Dinge gewinnen.« So scharten sich um Jesus Menschen, die von einem Gewinn angelockt waren, der im vermeintlichen Verlust begründet ist. Die Verletzbarkeit muss nicht mehr geleugnet werden: Erschöpfung, Trauer und Traurigkeit kommen frei. Ich atme auf.

Was Jesus tat und sprach, war für viele heilsam. Er zeigt Wege, die verwandeln können. Aber muss denn seine Kraft am Ende wirklich scheitern? So fragte ich mich als Kind, als ich zum ersten Mal seine Geschichte hörte. Könnten Jesu Spuren denn nicht vor Jerusalem enden? Ich hoffte: Er wird entwischen, die Gefahr soll ihn nicht töten! Man kann den Schmerz, der aus seiner Geschichte spricht, beschwichtigen, indem man sagt: Das mit Jesus geht doch alles in allem gut aus, ganz am Ende. Nach dem Ende. Andere entdecken in seinem Tod einen gewichtigen theologischen Sinn: Auch damit sei es letzlich gut, sagen sie. Dabei war es schrecklich, liest man in den Evangelien. Wieder andere erzählen Jesu Lebensgeschichte ohne Tod, Grauen und Schmerz. Wenigstens soll das dann nicht im Zentrum stehen. Sie feiern zum Beispiel sogenannte Reich-Gottes-Feiern, in denen man das Kreuz vom Altar nimmt. Stattdessen wird dort eine Erdkugel platziert. Anhänger solcher Reich-Gottes-Feiern werden vermutlich kaum einmal einen Kreuzweg gehen. Falls sie pilgern, dann allenfalls durch Gegenden, die frei von Kruzifixen sind.

Religiöse Enthüllungsbücher kennen noch eine andere Möglichkeit, auf den Schmerz in Jerusalem zu reagieren: Sie wollen »die wahre Geschichte« erzählen und machen ebenfalls einen Bogen um das Ereignis in Jerusalem: Jesus habe sein Leben gar nicht verloren, heißt es da in einem Stil, der sich ein rationales und wissenschaftliches Gepräge gibt. Er sei entkommen, nur würde das die Kirche bis heute vertuschen. Die Dokumente seien vom Vatikan verschlossen oder vernichtet worden. Die Wahrheit laute: Jesus kennt keine Niederlage, steigt vom Kreuz herab oder wird bewusstlos gerettet, lebt weiter, heiratet Maria Magdalena, bekommt mit ihr Kinder. Oder auch: Er sammelt seine Anhänger, um auf einer einsamen Insel zu leben, wo keiner stört. Auch Jesus selbst würde dann niemanden mehr stören, weil er das Leben feierte, das dann allerdings schmerzvoll endete. Jesus hätte gewonnen.

Die Geschichte auf diese Weise umzubiegen, würde allerdings viele Verlierer haben. Wer erfahren hat, dass das Leben Gefahren kennt, wird nämlich nicht auf diese Insel gelangen. Auf dem Eiland des unsterblichen Weltverbesserers Jesus leben alle unantastbar und glücklich. Wer jedoch Vergänglichkeit, Krankheit und Schmerz nicht überspielen kann, würde aus der Gemeinschaft verwiesen und ins Meer gestoßen. Gewinner Jesus wäre auch längst kein Fußgänger mehr, sondern würde auf einer Sänfte getragen werden. Ein perfektes Leben, eine Insel der Seligen! Und wenn sie nicht gestorben sind, dann leben sie noch immer dort, wo jedes Unglück lässig aufs Festland ausgelagert wird. So war es aber nicht! Diese Insel hat noch niemand gesehen. Jesus stammt aus keinem Fantasy-Roman, in dem die Figuren Uniformen, Panzer oder wundersame Kostüme tragen, an denen aller Schmerz abprallt. Am Ende seines

Lebens ist der Wanderer nackt. Da ist nichts, was sein Scheitern verbergen könnte.

Jesu Geschichte kann einem nahegehen: Denn kaum jemand hat eine Anti-Schmerz-Uniform im Kleiderschrank, die unablässig wirkt. Wer sich in Jesu Niederlage hineinvertieft, entdeckt darin auch etwas von sich selbst. Und man kann mitunter eine große Kraft spüren, deren Herkunft kaum greifbar ist. Und doch bleibt eine Scheu den schweren Passagen des Lebens gegenüber: Wie wird es sein, falls ich nicht mehr kann? Wenn ich falle, liege, alle Kraft verloren habe, das Kreuz tragen muss? Werden mir dann wirklich Kräfte wachsen? So wird es sein, heißt das Versprechen des Symbols, das noch immer auf den Gipfeln von Bergen zu finden ist, auch wenn die Verfechter einer lebenslangen Schmerzfreiheit es vermutlich auch dort am liebsten beseitigen würden.

Wenn man mitten in der Erschöpfung steckt, fehlt einem allerdings oft der Glaube, dass neue Kräfte wachsen. Was kann helfen, wenn man das Gefühl hat, nichts mehr hilft? Die Angst. Auch sie ist in Jesu Geschichte eingeschrieben. Er schlägt den Weg nach Jerusalem ein, doch leichten Schrittes geht er ihn nicht, erzählen die Evangelien. Sie erlauben es, sich in Jesu Angst wiederzufinden. Auf diesem Weg darf man stolpern und stocken. Man sollte nun nicht einen neuen Wettbewerb eröffnen, der den besten und mutigsten Kreuzträger kürt. Das neue Leben inmitten der Erschöpfung – man erkennt es häufig nicht. Manchmal erst sehr viel später oder überhaupt nicht.

Womöglich kann man Jesu Weg auch nur so ertragen, wie es seine Jünger und Freunde taten: mit Abstand. Ist das dann Verrat? Meinetwegen. Aber es ist menschlich und wird in der Geschichte seines Scheiterns nicht verschwiegen. Am Ende nämlich, ganz am Ende, ist da nur noch das Ende. Jesu Leben hat begeistert! Die Welt aber hat er nicht erobert. Das Leben eines Fußgängers – es ist jetzt besiegt. Da kann er zuvor noch so poetisch von jener geheimen Macht geredet haben, die aus dem Leiden auferstehen wird. Selbst jene, die mit ihm hinauf nach Jerusalem gegangen sind, verstehen ihn nicht mehr. Seine Freunde sind in der Nähe, helfen aber nicht, können es nicht. Sie wollen bei ihm bleiben, versprechen sie. Am Ende aber schlafen sie, sind stumm. Da erschrickt auch Jesus über den Weg, der ihn direkt in den Schmerz führt. »Vater, willst du, so nimm diesen Kelch von mir; doch nicht mein, sondern dein Wille geschehe!« (Lukas 22,42)

Jesu Wille: Das ist nicht der Schmerz! Nie gewesen. Die Kostbarkeit des Lebens endet, er ringt, betet heftig. Der Schweiß wurde zu Blutstropfen, die zur Erde fielen, heißt es. Einsamkeit lässt sich nicht krampfhaft mit Sinn aufladen. Da aber kann Jesus nicht mehr zurück auf dem Weg, den er eingeschlagen hat. Frohe Botschaft nennt er ihn. Oft hat er vom Himmelreich gesprochen. Sein Leben sollte denen dienen, die Schmerzen haben und auf Heilung hoffen. Nun aber ist Jesus selber nur noch Schmerz, fühlt sich von Gott verlassen. An dieser Stelle vom Mut zur Vergänglichkeit zu sprechen, wäre lächerlich und lästerlich. Was allenfalls noch trösten kann: Dass es andere gibt, die ungetröstet sind. Über Kruzifixen sind manchmal Worte aus den Klageliedern Jeremias angebracht: »Euch sage ich allen, die ihr vorübergehet: Schauet doch und sehet, ob irgendein Schmerz sei wie mein Schmerz, der mich getroffen hat.«

Der Herr segne
den ersten Schritt
und deines Schreitens Ende.
Er gebe Schwung
und achte auf dein Lahmen.
Er schenke Größe
und ermutige dich beim Hinken.
Er gebe deiner Stimme Atem
und erhöre dein Keuchen.

10
Gipfel

Gott,
du durchbrichst die Flachheit,
erhebe dich.
Du führst aus Tälern heraus,
erhöhe uns.
Du entkommst dem Schatten,
erleuchte uns.
Du verwehst alles Stickige,
wir himmeln dich an.

Bis hierher hat mich Gott gebracht

Bis hier-her hat mich Gott ge-bracht durch
bis hier-her hat er Tag und Nacht be-

sei - ne gro - ße Gü - te, bis hier-her
wahrt Herz und Ge - mü - te,

hat er mich ge-leit', bis hier-her hat er

mich er-freut, bis hier-her mir ge-hol - fen.

2. Hab Lob und Ehr, hab Preis und Dank
   für die bisher'ge Treue,
   die du, o Gott, mir lebenslang
   bewiesen täglich neue.
   In mein Gedächtnis schreib ich an:
   Der Herr hat Großes mir getan,
   bis hierher mir geholfen.

3. Hilf fernerhin, mein treuster Hort,
   hilf mir zu allen Stunden.
   Hilf mir an all und jedem Ort,
   hilf mir durch Jesu Wunden.
   Damit sag ich bis in den Tod:
   Durch Christi Blut hilft mir mein Gott;
   er hilft, wie er geholfen.

*T: Ämilie Juliane Gräfin von Schwarzburg-Rudolstadt
(vor 1685) 1699, M: Peter Sohren 1688, Halle 1704
»Du Lebensbrot, Herr Jesu Christ«*

Erscheinung auf dem Berg

Nach sechs Tagen nahm Jesus Petrus, Jakobus und Johannes beiseite und führte sie auf einen hohen Berg, sie allein. Und er wurde vor ihnen verwandelt, und seine Gewänder wurden ganz leuchtend weiß, wie sie kein Bleicher auf der Erde weiß machen kann. Da erschien ihnen Elija mit Mose und sie redeten mit Jesus. Petrus nahm das Wort und sagte zu Jesus: Meister, es ist gut, dass wir hier sind. Wir wollen drei Hütten bauen, dir eine, Mose eine und Elija eine.

Er wusste nämlich nicht, was er sagen sollte, denn sie waren von Schrecken ergriffen.

Dann kam eine Wolke und überschattete sie und eine Stimme kam aus der Wolke: *Dies ist mein geliebter Sohn, auf ihn sollt ihr hören!* Als sie sich umblickten, sahen sie auf einmal niemand mehr bei sich außer Jesus allein. Während sie vom Berg herabstiegen, gebot er ihnen, niemand zu erzählen, was sie gesehen hatten, bis der Menschensohn von den Toten auferstanden sei. Dieses Wort hielten sie fest und besprachen miteinander, was das bedeute: von den Toten auferstehen.

Markus 9, 2–10

Stiller Triumph

Den Aufstieg kurz vor Erreichen des Gipfels unterbrechen und eine Rast einlegen. Zurückschauen auf das, was unter einem liegt: den Aufstieg. Die Aussicht still genießen, abseits vom oben womöglich anzutreffenden Gipfeltourismus. Die Vorfreude steigert sich: Das letzte Wegstück geht man dank dieser Pause ohne Qual. Die Schritte fühlen sich wie ein Triumphgang an, man kann sie wie ein König gehen. Erleichtert und genussvoll lässt sich der Höhepunkt erleben.

Sitz der Götter

Was eigentlich ist hoch? Das ist relativ und hängt von der Umgebung ab. Der höchste Berg Dänemarks misst 170 Meter. Und der 169 Meter hohe Wilseder Berg überragt nicht nur die Lüneburger Heide, sondern einen Umkreis von 100 Kilometern. In der Schweiz würden beide Berge allenfalls als Hügel gelten.

Berge sind in der Regel vulkanischen Ursprungs oder infolge der Plattentektonik der Erde entstanden. So hat sich laut dieser Theorie ein Gebirgszug aufgeschoben, wenn sich zwei Platten der Erdkruste gegeneinander bewegt haben. Die Gipfel dieser Faltengebirge zeichnen sich durch schroffe Gestalt und große Höhe aus, etwa die Berge des Himalaya, der Anden, aber auch der Alpen oder des Balkangebirges. Berge können auf der Erde kaum höher als 9.000 Meter emporragen. Denn ab dieser Höhe beginnt sich die Basis eines Bergs aufgrund des enormen Drucks zu verflüssigen, den die über ihr befindlichen Gesteinsschichten ausüben. Mit zunehmendem geologischen Alter führt die Erosion dazu, dass die Höhen der Gipfelzüge sich verringern und die Formen milder werden, beispielsweise bei den deutschen Mittelgebirgen.

Um Berge und Gebirge ranken sich viele Sagen und Mythen. Eine religiöse Verehrung ist in verschiedenen Zeiten und Kulturen zu finden. Wechseln Religionen und Kulturen, bleibt die Bedeutung heiliger Berge oft erhalten, wird allerdings umgeschrieben. Erhebungen können direkt als Gottheiten verehrt werden oder gelten als Wohnort von Göttern, Geistern und Dämonen. Unter den als heilig erachteten Bergen finden sich oft Vulkane. Von ihnen ging eine besondere Gefahr aus. Sie wurden aber häufig auch als lebensspendend erfahren, weil die vulkanische Asche wichtig für die Fruchtbarkeit ganzer Landstriche sein kann. Andere Berge bergen Bodenschätze oder Wasserreserven. Mythifiziert wurden Gipfel oder Massive auch, weil sie das Wetter beeinflussen, als Orientierungspunkte dienen oder sehr markant sind.

Eine religiöse Verehrung kann zur Folge haben, dass die Besteigung eines Bergs als Tabu gilt. Sie ist einem gewissen Personenkreis vorbehalten oder auf eine bestimmte Zeit beschränkt. Andererseits sind Berge das Ziel von Wallfahrten und können überdurchschnittlich viele Menschen anziehen. Wegen der gefühlten Nähe zum Himmel dient eine Höhenlage oft als ein geeigneter Platz für Meditation und Gebet, für Einsiedelei oder mönchische Gemeinschaften.

Ein hochangesehener Berg in Europa ist der Olymp, der in der griechischen Mythologie der Sitz der Götter ist. Der ebenfalls in Griechenland gelegene Athos gilt als der heilige Berg der orthodoxen Kirche. Am Fuße des Berges Sinai oder des Horeb ist laut jüdisch-christlicher Überlieferung Mose Gott im brennenden Dornbusch begegnet. Auf dem Gipfel habe er die Zehn Gebote erhalten. Auf dem Ararat soll die Arche Noah nach der Sintflut auf Grund gelaufen sein. Der Stadtberg Jerusalems gilt als zentrale heilige Stätte dreier Weltreligionen. Der Kailash wird von Hindus und Buddhisten verehrt, ist das Quellgebiet der vier größten Ströme des indischen Subkontinents. Auch der Mount Everest und viele andere Berge des Himalayas werden mit Gottheiten in Verbindung gebracht. In Afrika ist der Kilimandscharo Teil des Sonnenkults der Jagga und gilt für die Massai als »Haus Gottes«. Der Vulkan Kilauea auf Hawaii wird als Sitz der Göttin Pele verehrt, die durch Blumenopfer am Kraterrand besänftigt werden soll. Auch die Vulkane Popocatépetl und Iztaccíhuatl in Zentralmexiko werden als Sitz von Berggöttern verehrt, gelten aber auch selbst als Gottheiten, die als Strafe von anderen Göttern versteinert wurden. Der Popocatépetl stellt in dieser Sage den Geliebten des Iztaccíhuatl dar, der »Weißen Frau«. Im Rahmen eines Festes wurden Nachbildungen der Berge aus Teig rituell enthauptet und verspeist.

Höhenrausch

Leichter als Anstiege sind flache Wege zu gehen. Auf Dauer allerdings geht die Ebene an die Substanz. Manche bezeichnen sie sogar als mörderisch, etwa die lange Zielgerade eines Marathons. Angenehmer ist eine Strecke, die sich in Variationen gefällt, die Hügel, Kurven und Ausblicke hat. So wird es auch den Hebräern ergangen sein, die sich ein paradiesisches Land erwandern wollten. Am Anfang war da ein Aufbruch voller Dramatik, die Flucht aus Ägypten. Sie zogen durch ein Meer, erlebten Durst und Hunger. Nach und nach aber stellte sich die Gewohnheit ein. Was gab es neben dem steten Gehen zu tun? Aufstehen. Manna sammeln, das jeden Morgen neu geschenkte Himmelsbrot. Manna essen. Zeltplatz suchen. Schlafen. Weitergehen. Das

Ziel aber war nicht zu sehen. Bald stapfte man nur noch vor sich hin.

So wird das Volk von Zeltträgern erleichtert das Lager aufgeschlagen haben, als es das Sinai-Massiv erreichte. Die Gewohnheit war durchbrochen. Ein Berg lässt aufmerken, wenn man über Wochen, Monate oder gar Jahre auf seinem Weg müde gelaufen ist, mag in weiter Ferne auch ein fantastisches Ziel warten. Das Gebirge fordert heraus. Berge, die bis in die Wolken hinein ragen, lassen Himmlisches ahnen. Sie können ein Hindernis sein, das Gefahren und Abenteuer verspricht.

Selbst Hügel können zum Mythos werden – bei jenen, die in der Ebene aufgewachsen sind, zu denen ich gehöre. Schnee kannten wir fast nur vom Hörensagen. Und wenn wir vom Dorfverein bei Wettkämpfen starteten, rannten uns schon bei der geringsten Erhebung die Konkurrenten aus dem Mittelgebirge davon. Bei uns war alles flach. Bergan ging es allenfalls auf den wenigen Tribünenstufen des Sportgeländes, die wir laufend erklommen. Das war schon der Gipfel aller Steigung. Wenn da nicht ein ganz gewisser Hügel im Wald gewesen wäre. Er ließ Großes ahnen, lebte im Dorf doch jeder sage und schreibe vier bis fünf Höhenmeter tiefer. Genau genommen handelte es sich sogar um einen Doppelberg. Wir flüsterten seinen Namen, als ob es sich um das Sinai-Massiv handelte: *Die Fuchsberge*. Es klang, wie wenn Radfahrer das Wort Pyrenäen aussprechen.

Bekannt waren die Berge auch deshalb, weil sie zur sogenannten Trimm-dich-Runde gehörten. Sie schlängelte sich mit ihren blauen Schildern und auf Baumstämme geklecksten gelben Farbpunkten durch den Wald. Warum eigentlich rannten wir ständig diese Runde, als ob wir Nomaden seien? Wir waren offenbar von etwas angetrieben, das noch wunderbarer war als das Gefühl, ins Ziel zu kommen. Sonst hätte einmal Laufen genügt. Das Finale der Strecke mündete in den Startbereich. Ende und Neuanfang lagen also nur einen Augenblick entfernt. So erschauerten wir bald schon wieder vor den Hügelhöhen, die jede Runde krönte. Der ausgeschilderte Weg war flach. Aber zur Routine konnte er nicht werden, weil man spätestens ab Mitte der Strecke respektvoll flüsterte: Die Fuchsberge kommen noch. Bergkundige lachten uns aus! Aus den Nachbardörfern allerdings zog das im Wald gelegene Bergmassiv viele an. *Die Fuchsberge* – eine über das Dorf hinaus bekannte Sensation. Noch abends, wir wohnten direkt am Wald, sah ich, wie Läufer aus den Autos stiegen, um die Verfolgung der gelben Punkte aufzunehmen. Ich konnte kaum still am Fenster stehen. Am liebsten wäre ich sofort wieder aufgebrochen, um das Fuchsberg-Massiv in Angriff zu nehmen.

Die Trimm-Parcours führte die erste der beiden – nicht nur für Kinder – extrem *steilen* Bodenwellen hinauf, um dann in das zwischen den Höhenzügen gelegene Tal sanft hinabzugleiten, das von Waldgras überwuchert war. Bei Festlegung der Streckenführung hatte die Trimmbehörde vermutlich Gnade walten lassen. Denn die dadurch ausgelassene zweite Welle war noch schärfer als die erste: Fast senkrecht fiel von ihr der Weg in die Ebene zurück. Wenn wir von diesem Abhang sprachen, senkten wir die Stimme. Ihn hätten sich einige schon mit dem Rad hinabgestürzt, hieß es im Flüsterton. Pause. Einer, wir bekamen beim Weitersprechen kaum noch Luft, habe gar versucht, die Steigung umgekehrt, also *von unten nach oben* zu nehmen! Dann atmeten wir auf und bestätigten einander: Lügengeschichten! Denn diese Passage war für uns die Eiger-Nordwand.

In den Bergregionen stand das Gras kniehoch. Hatte ich wieder einmal einen der beiden Gipfel unter meine Füße bekommen, schaute ich im Grasdickicht stehend an den Kiefernstämmen entlang nach oben. Zwischen den Baumkronen hindurch ließ sich die Ahnung erblicken, wie fantastisch groß das Leben würde. Später. Das war der Himmelsblick eines Kindes. Doch auch als wir später als Jugendliche den Trimm-Pfad mit Stoppuhr und diversen Tempovariationen mehrfach hintereinander rannten, lief stets das mythische Gewisper mit: Die Fuchsberge kommen erst noch! Wir wollten nach oben – die weit und breit höchsten Berge hinauf. Es war gefährlich. Denn wer die Strecke in überhöhtem Tempo angegangen war, musste sich gelegentlich am Boden abstützen. Taten die Muskeln weh, konnten diese Erhebungen sogar titelgekrönte Läufer stolpern lassen. Oft ergaben wir uns ihnen schleichend. Und am Ende der Runde? Da standen wir im Grenzland zwischen Start und Ziel. Und auch wer die Fuchsberge nur hinaufgestolpert war, sah schon wieder zum Start hinüber, zu den vielen Anfängen, die im Leben folgen würden. Wie wir uns sehnten! Wir waren noch nicht ausgewachsen, besaßen keine ausgeprägten Muskeln, kannten keine fernen Länder – aber indem wir die Berge verehrten, triumphierte das Leben. Verschwitzt und müde – so standen wir im Ziel: königlich. Aber nicht nur wir, sondern alle im Dorf umspielte dieser Glanz, wenn sie von den Fuchsbergen sprachen oder vor ihnen standen.

Auch Mose und die anderen Pilger in der Wüste erlebten am Sinai Fantastisches. Sie hofften auf eine Kraft, die sie erheben würde. Das Gelobte Land war weit entfernt. Doch schon jetzt hofften sie auf einen Gipfelpunkt im Leben. Die Wüstenpilger vermuteten: Die Höhe muss etwas mit dieser befreienden Kraft zu tun haben, die sie aus Ägypten hatte fliehen lassen. Der Berg zog sie an. Aber sie hatten Respekt. Denn das Gebirge birgt manches Risiko. In unterschiedlichen Kulturen und Religionen lassen sich Belege finden, dass viele lieber von unten nach oben schauen und staunen. Auch die Hebräer schauderte vor dem Himmelswesen da oben, dem sie sich nahe fühlten. So wurde zum Schutz eine Grenze gezogen, »denn wer den Berg anrührt, der soll des Todes sterben.« (Exodus 19, 12)

Kaum weniger dramatisch war es bei uns im Wald, als wir als Kinder die unvorstellbar steile Radabfahrt fürchteten. Dieser Hügel schillerte: Von fern betrachtet sah er geheimnisvoll unscheinbar aus, von Baumkronen verschattet. Er drängte sich nicht auf, war zwar da, wirkte aber wegen der vielen Bäume so, als ob es ihn so gut wie gar nicht geben würde. Von Nahem jedoch zeigte er dieses nie für möglich gehaltene, ruckartig wechselnde Höhenprofil. Es blieb ungeheuerlich.

Von wo aus man auch schaut: Ein Berg kann denen Würde geben, die gehen, rennen, unterwegs sind und ein großes Ziel ersehnen. Das Gebirge vermittelt Halt. Wenn man von unten schaut, ist man winzig. Nur ist diese Kleinheit nicht vernichtend. Denn wer aufschaut, richtet sich auf königliche Weise auf. Elegant steht man da, weil man nicht sorgenschwer zu Boden blickt. Gott wünscht sich den Menschen aufrecht, erzählt die Geschichte von der Gottesbegegnung am Sinai. Am Berg ertönt seine Stimme, die wünscht: »Ihr sollt mir ein Königreich von Priestern und ein heiliges Volk sein.« (Exodus 19, 6) Und was sahen die zigtausend Priesterinnen und Könige, als sie aufwärts schauten? Der Berg zeigte sich befremdlich und groß, es »brachen Donner und Blitze los, eine schwere Wolke lagerte sich über dem

Berg und es ertönte mächtiger Posaunenschall. Das ganze Volk, das im Lager war, erbebte vor Furcht. Mose führte das Volk aus dem Lager heraus Gott entgegen und es stellte sich am Fuße des Berges auf. Der Berg Sinai war ganz in Rauch gehüllt, weil der Herr im Feuer auf ihn herabgekommen war. Der Rauch stieg auf wie der Rauch eines Schmelzofens. Der ganze Berg erbebte heftig. Der Posaunenschall wurde immer heftiger.« (Exodus 19,16–18)

Und Mose? Er und einige andere wollten nicht nur schauen, sondern jetzt mit Haut und Haaren in das Geschaute hinein. Sie stiegen auf. Auch wir wagten es, die Fuchsberge immer wieder zu erklimmen. Dennoch konnte ich gar nicht anders, als mich immer wieder einmal aus der Ferne zu vergewissern, wie machtvoll und verwegen sich dieses Bergmassiv im Wald verbarg. Dabei ist es geblieben: Ich will nach oben. Oft schaue ich Berge aber nur an, von unten nach oben – und befinde mich dabei in jener Position, die die meisten Wüstenpilger vor dem Sinai einnahmen. Wenn man zum Gipfel guckt, ist man aufgerichtet wie ein Heiliger. Und man erkennt: Dem Berg fällt jede Stunde etwas Neues ein. Eine Macht muss da am Werke sein, so donnernd laut, wolkengroß, gefährlich schön und lichtphantastisch, dass sie gewöhnliche Menschen zu Königen macht.

Die Gipfelschnecke

Oberhalb der Baumgrenze, wenn Fels und manchmal auch der Schnee die Herrschaft übernehmen, können nur wenige Wesen überleben. Die sogenannte Gipfelschnecke zählt zu ihnen. Sie verhält sich anders als die Spezies des Gipfelstürmers. Er schnauft, keucht und rennt den Berg hinauf. Und immer sei er Sieger, denkt er, wenn er wieder talwärts rauscht, bereits den nächsten Gipfel im Blick.

Der vermeintlich besiegte Berg aber schüttelt noch nicht einmal den Kopf. Allenfalls amüsiert er sich kaum merklich. Anders als der Gipfelstürmer ist er nämlich noch immer da und freut sich still. Worauf? Auf die Ankunft der Gipfelschnecke. Sie ist schleichend unterwegs, wodurch sie erheblich an Zeit gewinnt. Denn wissenschaftlichen Untersuchungen zufolge genießt sie den Höhepunkt bedeutend länger als zuvor der Gipfelstürmer.

Weil die Bergschnecke auch keine stürmischen Geräusche von sich gibt, ist es ihr gegeben, auf dem Gipfel besondere Stimmen hören zu können. Es ist die eigene, die erfrischend Anderes als im Tal zu sagen hat. Manchmal aber ist es auch die Stimme des Ewigen, was dann noch eindrücklicher als der Gipfel selber ist.

Die Sprache des Himmels

Unser Ziel: Das Gipfelkreuz in 4.000 Metern Höhe. Im Rückblick aber war es gar nicht diese Höhe, die außergewöhnlich war. Stattdessen: Wir drangen in eine Sprache ein, die uns überwältigte. Das klingt vielleicht pathetisch oder geheimnisvoll, die Unternehmung freilich begann ziemlich unmysteriös. Wir schleppten in Rucksäcken, was wir für den Weg brauchten: Seile, Gurte, Proviant für zwei Tage und Regenzeug. Das heißt, die Regenkleidung hatten wir schon an. Es goss ohne Unterbrechung. Wegkehre um Wegkehre stiegen wird den Gebirgspfad empor, Meter um Meter. Und die tief am Berg hängenden Wolken hüllten uns ein. Die Stiefel knarzten in der Erde, die längst schon zu Matsch verwandelt war. Gegen Abend erreichten wir die Hütte. Sie schwamm in einem Meer von Nebel. Der Gipfel? Unsichtbar.

Wir knüpften Knoten, um uns anzuseilen. Nur zur Probe. In ein einigen Stunden, wenn es noch vor Anbruch des Morgens im Dunkeln auf den Gletscher ging, musste das wie am Schnürchen klappen. Wir sprachen so gut wie nichts. Was gab es auch zu sagen, nass und müde in fast 3000 Metern Höhe? Bald legten wir uns auf das Matratzenlager. Endlich wärmen, endlich schlafen. Doch noch ehe uns der Schlaf richtig erfasst hatte, hieß es: »Aufstehen!« Der Nebel war weg, doch es war dunkel und kalt. Nur die Sterne blinzelten einander zu und gaben genug Licht, damit wird die Knoten knüpfen und uns zu einer Seilschaft verbinden konnten. Oberhalb der Hütte ging es auf den Gletscher. Nur das Knirschen der Schuhe war zu hören. Anfangs zurrte das Seil am Gurt, wenn einer aus dem Tritt kam. Doch bald hatten wir uns in ein stetes Stapfen eingefunden. Die Körner des Schnees erwiderten das Licht der Sterne, als ob über den Schnee ein Lächeln huschte.

Trotz dieses Funkelns war ich müde und fror, was nach der kurzen Nacht nicht verwunderlich war. Ich hoffte auf etwas, das durch die Dunkelheit tragen könnte. In der Tasche des Anoraks fand ich Bonbons in leuchtenden Farben, es lenkte ab. Allmählich schienen die Sterne matter zu werden. Ob sie sich zusammen mit der Nacht zum Abschied vorbereiteten? Ich schaute in die Richtung, die wir eingeschlagen hatten. Und zum ersten Mal sah ich den Umriss des Berges, den wir besteigen wollten. Ihn umspielte ein hauchzartes Violett, das mutiger wurde und in ein tiefes dunkles Blau hinüberglitt. Das verwandelte sich in Hellrot, dann in Orange, schließlich in leuchtendes Gelb. Und jetzt! Die Sonne lugte aus ihrem Versteck hinter dem Bergmassiv hervor, als ob sie die Nacht nur grüßen wollte. Dann war die Dunkelheit verflogen. Die Sonne begann auf ihrer Bahn zu steigen. Die Nacht hatte sich endgültig verabschiedet. Und der Schnee, der all die Himmelsfarben gespiegelt hatte, entfaltete sein strahlendes Weiß. Und meine Müdigkeit? Sie war fort. In mir jubelte es, die Beine schienen mit einem Mal nach vorn zu hüpfen. Es war dieser uralte, ewig kindliche Impuls, der einen rennen, singen und tanzen lässt. Doch zum Singen und Tanzen war der Weg zu steil, der Schnee zu tief.

Ich weiß nicht, was die anderen dachten. Nur eins schien sonnenklar: Es fiel kein Wort. Der Himmelszauber hatte uns verführt. Das Sprechen ließen wir sein. Als wir den Gipfel fast erreicht hatten, wagte ich einen Blick zurück – in die Tiefe. Ich traute den Augen kaum: Unter uns lag ein nicht enden wollender Teppich, der aus dicken Wolkenfäden geknüpft war. Aus ihm ragten Berggipfel heraus, die einander zuzuwinken schienen. Ob es unterhalb des Teppichs noch immer regnete? Wir jedenfalls waren durch die Wolkendecke hindurch geschritten. Der Vorhang hatte sich geöffnet, und wir waren in ein ungeheuerliches Schauspiel eingedrungen: Himmel, Tag und Nacht, der Schnee, die Sterne – sie sprachen miteinander. Sie redeten in aller Stille. Ihre Worte waren Wärme, Kälte, Licht, Dunkelheit und Farben. Und wir schauten dieser zauberhaften Sprache zu.

Nur jetzt kein Wort!, murmelte ich im Stillen, als wir das Gipfelkreuz erreichten. Und noch immer fiel kein Wort, als wir uns stumm beglückwünschten. Am Gipfelkreuz ein wetterfester Kasten, darin das Gipfelbuch. Nacheinander schauten wir hinein. Keiner sagte etwas, niemand schrieb etwas hinein. Als ich an das Buch herantrat, las ich und formte lautlos mit den Lippen nach, was dort als Letztes hinterlassen war: »Die Himmel erzählen die Ehre Gottes und die Gestirne verkündigen seiner Hände Werk. Ein Tag sagt's dem andern, und eine Nacht tut's kund der andern, ohne Sprache und ohne Worte; unhörbar ist ihre Stimme.« (Psalm 19, 2–4)

Der Herr
segne Höhe, Weitblick, Glück
und alles Große.
Der Herr im Himmel
kröne dich.
Er schenke dir
die Stärke eines Kindes
und die Leichtigkeit des Gipfels.
Er durchwehe,
umspiele und kitzle dich.
Er rausche durch dein Haar und
berühre die Nase,
er gleite über Ohren,
Stirn, die Zehen und die Wangen
und finde nicht zuletzt
auch deine Lippen.

11

Ruine

Gott,
der du den Himmel und die Erde
geschaffen hast:
so groß,
so weit,
so schön!
Alles ist nicht gut,
vieles ist kaputt,
ein Rest.
Erfülle uns,
damit wir mit der Leere
leben können.

Wir strecken uns nach dir

Wir strek-ken uns nach dir, in dir wohnt

die Le-ben-dig-keit. Wir trau-en uns zu dir, in

dir wohnt die Barm-her-zig-keit. Du bist, wie du

bist: Schön sind dein-ne Na-men. Hal-le-

lu-ja. A-men. Hal-le-lu-ja. A-men.

2. Wir öffnen uns vor dir,
   in dir wohnt die Wahrhaftigkeit.
   Wir freuen uns an dir,
   in dir wohnt die Gerechtigkeit.
   Du bist, wie du bist:
   Schön sind deine Namen.

Halleluja. Amen.
Halleluja. Amen.

3. Wir halten uns bei dir,
   in dir wohnt die Beständigkeit.
   Wir sehnen uns nach dir,
   in dir wohnt die Vollkommenheit.
   Du bist, wie du bist:
   Schön sind deine Namen.
   Halleluja. Amen.
   Halleluja. Amen.

*T: Friedrich Karl Barth 1985, M: Peter Janssens 1985,
© Peter Janssens Musik Verlag, Telgte-Westfalen*

Stückweises Erkennen

Die Liebe hört niemals auf. Prophetisches Reden nimmt einmal ein Ende, Zungenrede verstummt, Erkenntnis vergeht. Denn Stückwerk ist unser Erkennen und Stückwerk unser Prophezeien. Wenn aber das Vollendete kommt, dann wird das Stückwerk abgetan.

Als ich ein Kind war, redete ich wie ein Kind, dachte wie ein Kind, urteilte wie ein Kind. Als ich ein Mann wurde, legte ich ab, was kindlich an mir war. Jetzt sehen wir in einem Spiegel alles rätselhaft, dann aber von Angesicht zu Angesicht. Jetzt erkenne ich stückweise, dann aber werde ich ganz erkennen, so wie auch ich ganz erkannt worden bin. Jetzt bleiben Glaube, Hoffnung, Liebe, diese drei; doch am größten unter ihnen ist die Liebe.

1 Korinther 13, 9–13

Unvollständig schön

Ruinen findet man so gut wie überall, auch im übertragenen Sinn. Kaum etwas ist immerzu vollständig oder vollkommen neu. Was existiert, nimmt die Spuren der Zeit in sich auf. Bäume sind vom Wind gezeichnet, vielleicht gespalten, ein Ast ist abgebrochen. Steine sind Folge eines Erosionsprozesses. Blätter an Büschen sind eingerissen, haben eine vertrocknete Spitze. Nicht in jedem Gehäuse, das vom Nussbaum fällt, findet sich eine Frucht. Solch eine Unvollständigkeit intensiv betrachten und bedenken: Es ist nicht isoliert, sondern Teil des Kosmos. Vielleicht verletzt, aber nicht abgetrennt, sondern offen. Eine Ruine kann eine Schönheit eigener Art enthüllen. Macken gehören zu so gut wie jedem Ding und auch zu einem selbst.

Ruinenromantik

Eine Ruine entsteht durch natürlichen Zerfall oder gewaltsame Einwirkung wie Kriege oder Naturkatastrophen. Von Stendhal stammen die Worte: Das Colosseum sei »heute, wo es in Trümmer fällt, vielleicht schöner, als in den Tagen seines höchsten Glanzes. Damals war es nur ein Theater«. Es war monumental, diente einem Zweck. In einer Ruine allerdings ist auch das Nutzlose zu finden. Man ahnt den ursprünglichen Zweck noch, aber er ist nicht mehr da. So ist der Ruine etwas eigen, das über das hinausgeht, was gewesen ist. Man kann eine Balance erleben von erhaltener Form und Zerstörung, Gewalt und Frieden, Erinnerung und Gegenwart, Trauer und Erlösungssehnsucht. In einem intakten Bauwerk ist das nicht zu finden.

Wohl deshalb sind viele vom Unvollständigen angezogen. Antike Ruinen sind seit der Renaissance in das Interesse von Kunst und Kultur getreten, also in einer Epoche, in der »Zurück zu den Quellen« ein Leitsatz war. Mit der Aufklärung und der Romantik gewann auch die mittelalterliche Ruine an Wertschätzung. Ihr Anblick bot ein Festhalten an einer idealisierten Vergangenheit, während die fortschreitende industrielle Revolution als bedrohlich empfunden wurde.

Nun wurden Ruinen auch bewusst als ein von vornherein unvollständiges Bauwerk errichtet. In Schlossparks entstanden im 18. und 19. Jahrhundert Burgen, Türme und Grotten als künstliche Ruinen. So ist die Löwenburg im

Bergpark oberhalb des Schlosses Wilhelmshöhe in Kassel einer mittelalterlichen Ritterburg nachempfunden und wurde aus wenig witterungsbeständigen Habichtswälder Tuff errichtet. Auch die bewohnbare Magdalenenklause im Schlosspark Nymphenburg ist eine künstliche Ruine. Sie diente dem Fürsten zur Flucht aus dem höfischen Zeremoniell. Am Magdalenentag, dem 22. Juli, wird sie noch heute von Wallfahrern besucht.

Maßgeblichen Anteil am Entstehen der Ruinenromantik im 19. Jahrhundert haben auch die Bilder Caspar David Friedrichs, der das Kloster Arnsburg oder die Klosterruine Eldena malte. Heute wird der Wert der Ruinen durch den Denkmalschutz gewürdigt. Über den Abriss oder Wiederaufbau gibt es kontroverse Diskussionen. So wurde die Frauenkirche in Dresden, deren Überrest ursprünglich als Mahnmal gegen den Krieg stehen bleiben sollte, wieder aufgebaut.

Unzerstörbar weich

Schritt für Schritt hatten wir uns einer mittelalterlichen Burg genähert, also einer Wehranlage. Doch auch wenn sie versteckt im Wald lag, wirkte die fast 700 Jahre alte Anlage dann aber überhaupt nicht wehrhaft. Sie war schon lange zerstört, lag ungeschützt und für uns offen da. Wir traten ein, gingen in der Ruine umher. Der Fels, aus dem die einstige Burg gehauen war, wirkte allerdings überhaupt nicht zerstört. Die Ruine zählt nämlich zu den sogenannten Felsburgen: Bei ihnen wurden in die Wehranlage natürliche Felsformationen einbezogen. Die vom Menschen ergänzten und gebauten Verbindungselemente waren so gut wie weg. Die Felsen aber waren noch da – vermutlich kaum anders als zu jener Zeit, als die Burg intakt gewesen war. Dicke Felsquader bauten sich vor uns auf. Da waren Treppenstufen, Fensteröffnungen und Halterungen für Wände und Böden. Wir konnten sogar über in Stein gehauene Stufen auf ein hoch gelegenes Felsplateau steigen.

Diese Teile der Wehranlage waren aus Buntsandsteinfelsen heraus gehauen: Fundamente, die fester nicht sein könnten. Doch gewohnte Zuschreibungen wollten nicht recht passen. Der Sandstein lasse sich sehr gut bearbeiten, denn er sei weich, war an einer Schautafel am Eingang der Wehranlage zu lesen. Aber: Dieser weiche Stein könne den Natureinflüssen gut trotzen. Das verhält sich anders als jene oft eingeforderte Pädagogik, die von Kindern und Jugendlichen Härte fordert, damit sie sich in einer nicht gerade weichen Welt durchsetzen und behaupten können. Nein, die Kraft der Felsquader ließ uns eher an Dostojewskis Plädoyer für das Weiche denken, das das Harte besiegen kann.

Dieser Fels jedenfalls ist standfest und witterungsbeständig. Die Burg ließ ein machthungriger Bischof zerstören, seit Jahrhunderten liegt sie brach. Die weichen Ursprungsfelsen aber sind geblieben: unzerstörbar weich. Immer wieder spazierten wir an ihnen vorbei, setzten uns auf sie, gingen sogar durch sie hindurch – denn der Torbau war aus einem einzigen Fels gehauen! Wir lehnten uns auch an den Fels. Und hatten keine Sorge, dass da etwas bröckeln oder auf den Kopf fallen könnte. Was vermag diese Kraft überhaupt zu zerstören?, fragten wir uns. Die Natur kann diese Burg jetzt noch erobern und überwuchern. Die Felsen aber würden selbst dann noch lange bleiben.

Verletzte Vollkommenheit

Eine Ruine kann zu einem Sinnbild für den Pilger werden. Wer sich auf den Weg begibt, tut das oft deshalb, weil er sich unvollständig fühlt. Man ist mit seinem Standpunkt nicht zufrieden. Etwas fehlt, man will mehr. Und geht los. Beim Gehen erfährt man sich als jemanden, der kein Alleskönner ist. Auch auf dem Weg fehlt etwas. Das Gehen tut gut, das Gehen tut weh. Die Sonne tut gut. Die Sonne tut weh. Regen erfrischt, Regen macht nass, denn gegen einen Dauerregen kann man sich nicht auf immer schützen. Das alles aber empfindet man kaum als Mangel, da man sich entschieden hat, den Weg zu Fuß zurückzulegen: in einer für heutige Verhältnisse ungeheuren Langsamkeit.

Einer, für den sich die Erfahrung der Unvollständigkeit in eine große Hoffnung verwandelt hat, ist Martin Luther. Er und andere Reformatoren lehnten das Pilgern allerdings ab. Ihnen gefiel nicht, wenn man es benutzte, um vor Gott gut dastehen zu wollen, man also sagt: »Achtung! So viele Kilometer bin ich fromm gegangen. Für diese Leistung hat der Himmel mir gefälligst eine Anerkennung auszuhändigen.« Solchen Gottesberechnungen gegenüber war Luther zu realistisch: Die Gunst des unbegreiflich ewigen Gottes könne doch kein Mensch durch die Kraft der eigenen Beine erlaufen, meinte er. Gelaufen aber ist auch er in seinem Leben nicht wenig. Und das Bild des Weges faszinierte ihn: »Das christliche Leben ist nicht Frommsein, sondern ein Frommwerden«, sagt Luther. »Nicht Gesundsein, sondern ein Gesundwerden, nicht Sein, sondern ein Werden, nicht Ruhe, sondern eine Übung. Wir sinds noch nicht, wir werdens aber. Es ist noch nicht getan und geschehen, es ist aber im Gange und Schwange. Es ist nicht das Ende, es ist aber der Weg. Es glühet und glänzet noch nicht alles, es bessert sich aber alles.«

Zu diesen Worten passt: Auch die vielzitierte, heldenhaft wirkende Standhaftigkeit des Reformators ist zu hinterfragen: »Hier stehe ich und kann nicht anders!« Mit diesen Worten soll Luther 1521 auf dem Reichstag in Worms seine Rede beendet haben, als er seine Schriften widerrufen sollte. Vermutlich hat er das aber nie gesagt, niemand hat die Worte aufgezeichnet. Wahrscheinlich hat man sie ihm in den Mund gelegt, weil es bequemer ist, ein Heldendenkmal ohne jeden Makel zu verehren als sich selber auf den Weg zu machen und für das einzutreten, was einem heilig ist.

Luthers oft gerühmter Mut jedenfalls wirkt seltsam doppelbödig: Da ist tatsächlich die imposant wirkende Gestalt. Er kann herrlich oder auch schrecklich polemisieren. Aber das ist auch eine oft aufflackernde Angst: Auf dem Weg nach Worms, schreibt er, »war ich unpässlich und bin es noch, so wie ich es bisher nicht gekannt habe.« Der vermeintliche Held fühlt sich krank wie in seinen knapp 40 Lebensjahren zuvor noch nicht. Luther befand sich in Bann, war Ketzer, ein Abweichler, der aus der anerkannten Welt herausgetreten war.

Vor dem entscheidenden Auftritt in Worms, in der Nacht, betet er in seiner Herberge – aber was heißt beten, er soll geschrien haben! Seufzer und Satzfetzen sind das, die nicht denkmaltauglich sind. »Ach Gott! O du mein Gott, du mein Gott! Stehe du mir bei wider aller Welt Vernunft und Weisheit, tue du es, du musst es tun, du allein, ist es doch nicht meine, sondern deine Sache, hab ich doch für meine Person allhier nichts zu schaffen und mit diesen großen Herren der Welt zu tun, wollt ich doch auch wohl gute und geruhige Tage haben und unverworren sein.« Furchtbar unsicher ist Luther. Dann wieder ist seine wirre Seele völlig klar: Es geschieht, indem er sich an etwas klammert, das nicht greifbar ist: »Steh mir bei in dem Namen deines lieben Sohnes Jesu Christi, der mein Schutz und Schirm sein soll, ja meine feste Burg.«

Gewissen, Seele, Christus, Himmelsburg – Luther beruft sich auf ungreifbare Größen, mit denen sich keine Herrschaft machen lässt. Dieses Ineinander von Sicherheit und Angst wirkt gerade nicht wie eine bombastisch sichere Wehranlage. Deswegen hofft er ja auf die himmlische Burg. Luther steckt in keinem Panzer. Sein Zustand und auch er selbst: nicht ohne Löcher, Risse und Macken. Ausgerechnet so bringt Luther die hohen Herren aus der Fassung. Denn worauf die Macht nicht vorbereitet ist: Dass da einer ist, der nichts weiter sagt als – ich.

Wie lässt sich dieses Ich beschreiben? Über Jahre war Luther schlicht Mönch gewesen, ein Einzelner, der in der Zelle sitzt, die Bibel studiert und um seine Seele kreist, die unruhig ist. Heute würde man das womöglich krankhaft nennen, ein nicht ganz normales Verhalten. Vielleicht aber ist es nur natürlich: Ein Mensch ist unzufrieden. Dabei gibt es genug Angebote zur Beruhigung seiner Seele. Der Augustinermönch lebt in einer religiös aufgeladenen Zeit, da sind Erbauungsbücher, Bußprediger und spirituelle Trainer, die erklären, wie man Schritt für Schritt Ruhe finden kann – was aber nicht ganz billig ist. Luther genügt es nicht. Er selbst genügt sich nicht, kann sich nicht arrangieren, fühlt sich ungenügend. Er erfährt sich als ruiniert, niemals völlig richtig. Er sucht Frieden – nicht für die Welt, sondern für seine aufgewühlte Seele. Er studiert Theologie, wird Professor, doch zum Studium hatte er überredet werden müssen. Dieser Theologe ist kein Aktivist. Hyperaktiv dagegen ist sein inneres Ringen. So macht er sich auf den Weg, sucht, forscht, kann nicht stehen bleiben, sich geruhsam setzen, nein: er bleibt auf dem Weg, geht weiter, steht nicht still, immer weiter geht er, ein Suchender.

Und endlich! Sein Kampf mündet in eine tiefe Ruhe. Es geschieht genau in dem Augenblick, da er merkt: Seine Sehnsucht muss er nicht dämpfen. Gott setzt die Unvollkommenheit ins Recht. Er ist gerecht. Und endlich erlebt er sich als jemand, der mit sich im Reinen sein darf. Nichts mehr muss er tun, auch die Risse nicht kitten. Wie der Eintritt ins Paradies sei das gewesen, hat dieser Sehnsuchtsextremist im Rückblick einmal gesagt. Nicht die heute oft geforderte Ganzheit lässt ihn Atem finden, sondern die Entdeckung, halb sein zu dürfen. Es ist nicht Geringeres als die Vollkommenheit, die sich ihm schenkt! Aber es ist eine verletzte, eine verwundete Vollkommenheit. So konnte auch die Unruhe wieder kommen, Luthers oft unstillbares Sehnen, diese Sehnsucht, immer weiterzugehen, um eines Tages endlich für immer anzukommen. Und Gott, der Richter, sprach: Du bist doch nicht krank! Das hatte ihm kein spiritueller Meister sagen können – und vielleicht auch nicht wollen. Denn wenn einer von sich sagen kann, ich bin aller

Zerbrechlichkeit zum Trotz um Gottes Willen heil, dann kann das keine Autorität der Welt mehr tilgen.

Luther war kein Dickhäuter, sonst hätte er sich nicht um die Verletzlichkeit seiner Seele gesorgt. Solch einen Frieden suchen und sich zur Halbheit bekennen, ist nichts, das man als bloß privat abtun kann. Genauso wenig wie das Pilgern. Es kann unbequemer sein als ein Engagement, das immerfort den Frieden der Welt im Blick hat, noch ehe es einen Blick auf die vermeintlich unbedeutenden Kriegsschauplätze der eigenen Seele gewonnen hat. Das Überspielen eigener Verletzungen mag der Notwendigkeit geschuldet sein, seine Identität heute selbst verantworten und formen zu müssen. Denn die prägenden Traditionen und Deutesysteme sind verschwunden. Diese Freiheit geht aber über in den Druck, seine Biographie auch erfolgreich zu gestalten. Man scheint sich für nahezu alles verantwortlich zu fühlen. Risiken sind menschengemacht, und jede Niederlage hat man sich selbst zuzuschreiben. »Die Risikogesellschaft verlangt nach dem psychischen und physischen Tarzan, der sich selbst als Gewinner produziert«, sagt die Theologin Gunda Schneider-Flume. Es herrsche der Anspruch, das Leben zum Gelingen zu bringen. Wer diesem Anspruch folgt, wird alles Unvollendete überspielen müssen, Ruinen platt machen oder sofort instandsetzen. Sie stören. Für die Theologin ist dieser Vollständigkeitswahn eine Tyrannei, weil er verhindert, mit seiner Halbheit Frieden zu schließen.

Die Vertreter eines gelingenden Lebens differenzieren allerdings, sie wissen natürlich auch, dass es Krankheit, Angst, Vergeblichkeit gibt. Nur sei das Scheitern etwas, aus dem man lernen könne, um danach wieder erfolgreich durchzustarten, wie es gern heißt. Da bleibt auch keine

Zeit, um einen Weg zu Fuß zu gehen. Es sei denn, das Pilgern wird zur Technik, um sich möglichst effektiv und am besten noch mit Gottes reichem Segen in einen fitten Zustand zurückzukatapultieren.

Vom Schmerz soll man kaum sprechen. Eine Krankheit hat als Sprungbrett zu dienen, dank der man zurück in ein intaktes, nun auch noch vertieftes Leben springt. Allenfalls hinterher hört man jemanden sagen: Ich war krank, es ging mir nicht gut, jetzt aber geht es besser – und man hört dann häufig etwas angestrengt Diszipliniertes heraus. Vielleicht nehmen psychische Erkrankungen auch deshalb zu, weil das Ungereimte nie ungereimt bleiben darf? In Ausbildungs- und Wirtschaftsprozessen wird die Leistungsfähigkeit des Menschen zuweilen in Potenziale zergliedert, mit denen man operieren kann, die sich bewerten und optimieren lassen. Doch ist das unentwirrbare Ineinander voller Charme, Schrullen, Witz und Eigenarten eigentlich aufspaltbar? Eines Tages aber soll alles messbar verbessert, gelungen und rund erscheinen. So etwas wie Trauer ist dann fehl am Platz, sie wird in Sonderwelten verfrachtet, nämlich in Kreise, Foren, Kliniken, wo alles ab- und durchgearbeitet wird.

Luther – er ist mehr als eine geschichtsträchtige Person, dank der man ein Jubiläum feiert. Er gestaltete sein Leben auch nicht so, um zum Kirchenspalter oder später von Historikern als Figur einer Zeitenwende betrachtet zu werden. Er war schlicht ein Mensch. Er brach auf und suchte. Er hoffte und glaubte. Und kümmerte sich um die verletzliche Schönheit einer einzigen Seele – um die eigene. So liebte er, weil er sich dadurch auch um andere kümmerte. Von dieser Liebe beginnt man etwas zu erahnen, wenn man Ruinen nicht übersieht, sondern seine Verletzlichkeit eingesteht.

So wird man frei vom Anspruch auf ein wohlgeformtes Leben. Und oft merkt man in dem Augenblick, in dem man sich als unvollendet begreift, wie Nähe entsteht. Vorsichtig und überraschend klar erkennen sich jene, die nicht für immer die Maske ewigen Gelingens tragen wollen.

Der Tod naher Menschen konnte Luther zu Tränen rühren, sein Mut zur Verletzlichkeit war keine Theorie. Als seine kaum acht Monate alte Tochter Elisabeth gestorben war, schrieb er an einen Freund: »Sie hat mir ein seltsam bekümmertes, beinahe weibliches Herz zurückgelassen.« Als später eben dieser Freund gestorben war, wagte man das Luther erst nicht mitzuteilen, so sehr war man um ihn und sein beinahe weibliches Herz besorgt. Als ihm die Nachricht doch eröffnet wurde, weinte er den ganzen Tag lang. Warum schämte sich der große Theologe seiner Tränen nicht? Weil Schwäche für ihn keine Schwäche war, sondern eine Stärke, nämlich das Ende des Wahns, alles können zu müssen. Luthers Sensibilität war eine Form der Liebe, mit der er anderen zu Hilfe kam. Wer Wunden versteckt, kommt vielleicht gut zurecht, man scheint zu funktionieren. Und ja: Es kann ein Schutzraum sein. Denn niemand kann sich auf Dauer fortwährend mit dem befassen, was ungereimt ist. Es zu verbergen, ist allerdings oft dem Anspruch geschuldet, die Allgemeinheit zu schonen. Denn die Allgemeinheit kann die Illusion vom fröhlichen Gelingen wohl nur in einer Schonung züchten. Wild und frei jedoch wächst das Hoffen, wenn man das Verwundete nicht übersieht. Man ist auf dem Weg und fühlt sich trotzdem am Ziel. Wie eine Ruine, die etwas Unvollständiges ist und gerade dadurch Großes ahnen lässt. Was aber ist das Große? Es ist die herrliche Freiheit, unfertig sein zu dürfen.

Klopf nicht an,
geh rein.
Gott umhülle dich,
er heizt dir nicht ein.
Nimm Platz,
du musst kein Sitzenbleiber werden.
Atme auf,
der Himmel wird nicht auszuschließen sein.

12
Ziel

Hoch die Arme,
Gott!
Strecke dich,
umfasse mich
und wärme mich.
Schütze
und befreie mich,
du fesselst nicht.
Sei da,
bleib da,
deck mich zu.
Wache und
bewache mich.
Schenk ein,
schneid Brot und Kuchen an.
Ruf laut
und wink heran,
die fehlen.

Pilger sind wir Menschen

1. Pil - ger sind wir Men - schen, su - chen Got - tes
Wort, un - er - füll - te Sehn - sucht
treibt uns fort_ und fort. Wer hört un - se - re
Bit - te, wer will bei_ uns sein?
Komm in un - se - re Mit - te,
Herr, tritt bei_ uns ein!
Komm in un - se - re Mit - te,
Herr, tritt bei_ uns ein!

2. Menschen auf dem Wege, Frieden suchen wir,
unerfüllte Sehnsucht, überall und hier.
Wer hört unsere Bitte und den Ruf »Schalom«?
Komm in unsere Mitte, Gott des Friedens, komm!
Komm in unsere Mitte, Gott des Friedens, komm!

3. Gottes Volk kann siegen, über Hass und Streit.
Stärker als Gewalttat ist Gerechtigkeit.
Tausendmal getreten, tausendmal verlacht,
doch nun strahlt die Hoffnung neu in unsere Nacht!
Doch nun strahlt die Hoffnung neu in unsere Nacht!

4. Land der großen Hoffnung. Zukunft, die uns winkt.
Gott in unserer Mitte. Sonne, die nicht sinkt.
Gott schenkt uns Vertrauen und ein Arbeitsfeld.
Er will mit uns bauen eine neue Welt!
Er will mit uns bauen eine neue Welt!

T: Diethard Zils; M: Edward Elgar, © alle Rechte tvd-Verlag Düsseldorf

Wallfahrt zum Zion

Steh auf, Jerusalem, werde Licht, denn gekommen ist dein Licht, /
und die Herrlichkeit des Herrn strahlt über dir!
Siehe, Finsternis bedeckt die Erde /

12. Ziel

und Dunkelheit die Völker.
Doch über dir erstrahlt der Herr, |
über dir erscheint seine Herrlichkeit.
Völker ziehen zu deinem Licht |
und Könige zu deinem Strahlenglanz.
Lass deine Augen ringsum schweifen und sieh: |
Sie alle sammeln sich, um zu dir zu gehen.
Deine Söhne kommen aus weiter Ferne |
und deine Töchter trägt man auf den Armen herbei.
Da wirst du schauen und strahlen, |
dein Herz wird pochen und sich weiten.
Denn die Schätze des Meeres fluten zu dir hin |
und es strömt zu dir der Reichtum der Völker.
Eine Menge von Kamelen wird dich überfluten, |
Dromedare von Midian und Efa.
Sie alle kommen von Saba |
und bringen Gold und Weihrauch |
und verkünden die Ruhmestaten des Herrn.
Alle Herden Kedars sammeln sich bei dir, |
die Widder Nebajots stehen dir zu Diensten.
Als wohlgefälliges Opfer kommen sie auf meinen Altar; |
so verherrliche ich das Haus meiner Herrlichkeit.
Wer sind sie, die wie Wolken fliegen, |
wie Tauben zu ihren Schlägen?
Ja, die Schiffe sammeln sich für mich, |
voran die Schiffe von Tarschisch, um deine Söhne aus der
Ferne heimzubringen, |
mit ihnen auch ihr Silber und ihr Gold für den Namen des
Herrn, deines Gottes, |
und für den Heiligen Israels, weil er dich verherrlicht hat.
Dann bauen Fremde deine Mauern auf |
und ihre Könige werden dich bedienen.

Denn schlug ich dich auch in meinem Grimm, /
so erbarme ich mich nun deiner in meiner Huld.
Deine Tore stehen immer offen; /
man schließt sie nicht bei Tag und Nacht,
um zu dir den Reichtum der Völker hineinzubringen /
und ihre Könige dir zuzuführen.
Das Volk aber und das Reich, /
die dir nicht dienen wollen, gehen unter /
und diese Völker werden gänzlich ausgerottet.
Die Pracht des Libanon kommt zu dir, /
Zypressen, Ulmen und Fichten zugleich,
um den Ort meines Heiligtums zu zieren, /
die Stätte meiner Füße zu ehren.
Und tief gebeugt kommen die Söhne deiner Peiniger; /
die dich schmähten, werden dir zu Füßen fallen.
Man nennt dich Stadt des Herrn, /
Zion des Heiligen Israels.
Dafür, dass du verlassen warst, /
gehasst und im Stich gelassen,
mache ich dich zum ewigen Stolz, /
zur Freude von Generation zu Generation.
Dann wirst du die Milch der Völker trinken /
und an der Brust von Königen saugen;
dann wirst du erkennen, dass ich, der Herr, dein Retter bin, /
dein Erlöser, der Starke Jakobs.
Statt des Erzes bringe ich Gold, /
statt des Eisens Silber, /
statt des Holzes Erz /
und statt der Steine Eisen.
Zu deiner Obrigkeit mache ich den Frieden /
und Gerechtigkeit zu deinem Herrn.
Nicht wird man mehr in deinem Land von Gewalttat hören, /

nicht von Zerstörung und Verwüstung in deinen Grenzen.
»Heil« wirst du diene Mauern nennen, |
und »Ruhm« deine Tore.
Nicht wird die Sonne dir mehr am Tag als Licht dienen |
und der Glanz des Mondes zur Erhellung der Nacht,
denn der Herr ist dein ewiges Licht |
und dein Gott dein strahlender Glanz.
Deine Sonne geht nicht mehr unter |
und dein Mond wird nicht wieder schwinden;
denn der Herr ist dein ewiges Licht; |
zu Ende sind die Tage der Trauer.
Deine Bürger sind lauter Gerechte, |
auf immer besitzen sie das Land,
als Spross der Pflanzungen des Herrn, |
als Werk seiner Hände zu seiner Verherrlichung.
Der Kleinste wird zur Tausendschaft |
und der Geringste zu einem starken Volk.

Jesaja 60

Rückenlage

Ein Gefühl von Ankunft kann sich einstellen, indem man
durch ein mittelalterliches Stadttor tritt. Kommt man als
Pilgergruppe ans Ziel, lässt sich einander Beifall spenden.
Das Gefühl am Ziel zu sein, kann man auch unterwegs bekommen, falls der Boden nicht kalt ist. Sich dazu auf den

Rücken legen, Beine und Arme von sich strecken. Sich klar machen, dass einem jetzt gewisse Dinge nicht passieren können: Stolpern ist beispielsweise nicht möglich. Ein Moment tiefen Vertrauens stellt sich ein: Man ist angenommen, angekommen, getragen von der Erde. Und schaut in den Himmel, ohne dass sich der Nacken versteift.

Ankunftsrituale

Die Zielankunft ist oft mit Ritualen verknüpft. Das zeigt sich im Sport. Sieger erhalten einen Pokal. Auf dem Weg zur Übergabe geht man durch eine von Menschen gebildete Gasse. Bei vielen Läufen verengt sich auf den letzten Metern die Strecke: der Zielkanal. Die Ankunft bei einem Marathonlauf wird durch ein Band markiert. Oft endet ein Marathon im Stadion. Die letzten Meter sind wie eine Runde der Ehre. Im Motorsport kommt eine Zielfahne zum Einsatz. Auch in Darstellungen der Auferstehung Christi findet sich zuweilen eine Fahne. Das Lamm Gottes, Symbol für Christus, wird mit der Siegesfahne gezeigt, dem roten Kreuz auf weißem Grund.

Die Ankunftsrituale von Pilgern sind in unterschiedlichen Religionen überraschend ähnlich. Im Brauch des Umrundens etwa hat sich eine Praxis erhalten, die sich bereits in altorientalischen Religionen findet. Muslime umrunden die Kaaba, Buddhisten die Stupas, Christen Kapellen, Hindus Tempel oder den Berg Kailash. Pilger nehmen im Islam, Hinduismus und Christentum gleichermaßen Wasser von heiligen Quellen oder Wasserstellen mit. Unabhängig von der Religion ist auch die landschaftlich eindrückliche Lage vieler Pilgerziele, die auf Bergen, an Flüssen, in Wäldern oder Wüsten liegen.

Auch auf dem Jakobsweg nach Santiago de Compostela haben sich Zielrituale gebildet. Einen Belohnungscharakter hat die offizielle Pilgerurkunde, die man erhält, wenn man wenigstens 100 Kilometer zu Fuß zurückgelegt hat. Nachweisbar ist die Strecke durch Stempel in den Pilgerherbergen. Im zwölften Jahrhundert bestand der Brauch, sich am Tag vor der Ankunft in einem kleinen Fluss vor dem Ziel gründlich zu reinigen. Von dem Fluss ging es hinauf zum Monte del Gozo, dem Freudenberg. Man rannte ihn gleichsam hinauf. Zum ersten Mal ließ sich das Ziel erblicken: Santiago de Compostela.

Wenn der Ankommende durch das Hauptportal der Kathedrale tritt, legt er auch heute noch die Hand in die Vertiefung einer Marmorsäule, die durch Millionen Pilgerhände geschaffen wurde. Laut Legende sind die Fingerabdrücke allerdings entstanden, weil Gott die Kirche andersherum gedreht habe, der Hauptaltar habe zuvor gegen Sonnenaufgang gestanden. In der Kathedrale steigt der Pilger hinter dem Altar zur Apostelstatue hinauf, umarmt sie von hinten, und geht schließlich durch die Krypta, in der die Gebeine des Apostels in einem Schrein aufbewahrt werden. Der Pilger in Santiago feiert die Ankunft, indem er fühlt und schaut, aber auch riecht: Jeden Tag um 12 Uhr wird die Pilgermesse gefeiert. Ein riesiges Weihrauchfass wird bis dicht unter die Gewölbe der Querschiffe geschwenkt.

Keine Tränen mehr

Wer sein Ziel erreicht hat, fühlt sich erleichtert, ist dankbar, stolz – und kann ganz nebenbei auch seinen Muskelkater pflegen. Am Zielort wartet oft eine Kirche oder Kapelle. Und da ist auch eine Herberge, eine oder gleich mehrere Einkehrstätten. Für einige ist die Einkehr ein nahezu ebenso erfüllendes Ziel, was man nicht als unfromm verurteilen sollte. Denn in der Bibel spielen Essen und Trinken eine tragende Rolle. Die Ankunft in einer Stadt, einer Kirche, einem Wirtshaus oder bei Freunden, aber auch das Ende einer langen Arbeit mit schönen und schweren Passagen, der erste Urlaubstag: Alles das kann als Fingerzeig verstanden werden auf die große Ankunft, von der niemand weiß, wie sie genau sein wird: Der Übergang vom Leben in den Tod, von dem nicht wenige hoffen, dass es von dort wiederum ins Leben geht, in ein noch Größeres und Schöneres. Klassisch sagt man dazu Himmel, Erlösung, Paradies, Vollendung.

Manchmal meint man, durch den Vorhang schauen zu können, bekommt einen Vorgeschmack und hat dann die Ahnung, für immer anzukommen. »Dann geht der Vorhang erst richtig auf«, hat der Theologe Karl Barth einmal zu einem Studenten gesagt, der große Todesangst hatte. Diese Vorahnung beruhigt. Womöglich lässt sich von dem, was sich ab und zu erahnen lässt, am besten in Bildern sprechen. Sie besitzen die angenehme Eigenschaft, gar nicht erst nachweisbar sein zu wollen. Bilder sind nicht rechthaberisch. Dann wird Friede sein, heißt es beim Propheten Jesaja, einem biblischen Sprachbild-Maler. Die mit Gedröhn einhergehenden Stiefel sind dann ausgezogen, sagt er: Denn das Militär gibt es nicht mehr. Löwen fressen Stroh. Kinder spielen am Loch der Natter. Da ist kein Kind mehr, das nur wenige Tage lebt. Der Tod ist verschlungen, es gibt besten Wein, darin wird keine Hefe sein.

Auch in der Offenbarung, dem letzten Buch der Bibel, wird der Übergang ins himmlische Leben ausgemalt. Freilich werden da entsetzliche Bilder gezeichnet. Da ist ein Kämpfen, das kein Ende zu kennen scheint. Schreckenstiere zischen, gruselige Wesen tauchen aus den Fluten auf, Blut fließt und es fallen zentnerschwere Hagelkörner, seitenlang gibt es Geschrei und Angst: Bilder voller Fremdheit, Tiefe, Gefahr und Größe. Das wirkt nicht wie eine Landschaft, in der man sich aufgehoben fühlen kann. Ganz zum Schluss allerdings wird erzählt: Es wird Paläste geben, Smaragde, Edelstein und Glanz. Das ist der Himmel, aber reicht als Bild offenbar noch immer nicht für die Geborgenheit, die trösten wird. Aber dann: »Und ich hörte eine gewaltige Stimme vom Thron her rufen: Seht, das Zelt Gottes unter den Menschen! Er wird in ihrer Mitte wohnen und sie werden seine Völker sein und er selbst, Gott mit ihnen, wird ihr Gott sein.« (Offenbarung 21,3)

Zwischen der Pracht himmlischer Paläste lockt dieses Bild ins Vertraute. Da leuchtet etwas Kleines auf, das keine Angst einflößt. Es kann an die wütende Sehnsucht des Filmemachers und Theaterregisseurs Christoph Schlingensief erinnern, der kurz vor seinem frühen Tod sagte: »So schön wie hier kanns im Himmel gar nicht sein.« Die Zielaussicht der Offenbarung regt an, sich den Himmel mit jenen Farben auszumalen, die einen im hiesigen Leben bekräftigen.

So ist die Himmelsstadt auch ein Zelt, das auf dem Erdboden aufgeschlagen wird, in das man vielleicht als Kind schlüpft und eine geheimnisvolle Geborgenheit spürt, nicht anders wie in einer Laube oder Hütte. Der Ort, an dem ich mich zu Hause fühle, soll nicht auf fremde Weise himmlisch, sondern auf vertraute Weise irdisch sein. Die Freude aber reicht auf eine dann doch nicht mehr ganz irdische Weise noch weiter. Obwohl: Als Sehnsucht ist sie mir auch jetzt bereits bekannt. Wenn sie sich jedoch erfüllt, werde ich im Himmel angekommen sein: Denn Gott will »jede Träne von ihren Augen abwischen und es wird keinen Tod mehr geben, auch keine Trauer, keine Klage, keine Mühsal wird es mehr geben; denn das Frühere ist vergangen.« (Offenbarung 21, 4)

Endlich angekommen

Es fehlten nur noch wenige Schritte. Was die Wüstenpilger angetrieben hatte, lag vor ihren Füßen. Zwei Jahre zuvor hatten sie die ägyptischen Fesseln abgeworfen. Sie hatten Durst und Hunger erlebt, Rast und Rausch, Erschöpfung und Enttäuschung. Und jetzt? Der Traum lag jenseits des Flusses, an dessen Ufer sie standen. Die Hebräer wateten nicht hindurch. Das schien dann doch zu einfach. Man wollte nicht ohne Sicherheiten ins Wunderland hinein. So sollten dem Erträumten Informationen abgetrotzt werden. Man sandte Leute aus, die zu prüfen hatten, ob große Träumc begehbar sind. Diese gingen ins Land, schnitten eine Rebe mit einer Weintraube ab, die so schwer war, dass man sie zu zweit auf einer Stange tragen musste. Das war aber noch nicht alles. Auch Granatäpfel und Feigen hatten sie dabei. Dass der Weg durch die Wüste in die Geborgenheit münden würde, war also kein Schwindel: Es war das von Gott versprochene Land. Und es war klar: Die Erzähler, Dichter, Musiker und Aufbruchslustigen sind keine Fantasten. Die Kundschafter bestätigten: »Wir sind in das Land gekommen, in das ihr uns sandtet; es fließt wirklich Milch und Honig darin, und dies sind seine Früchte.« (Numeri 14,27) Die Lippen der Nomaden öffneten sich, der Gaumen wurde feucht. Und Kinder schauten zu der Rebe auf, die größer war als sie. Die Quelle allen Glücks lag nebenan. So wollten sie für alle Zeit hinübergehen – als die Forscher anfügten: Nicht allein die Trauben seien groß. Sondern auch das Volk, das dort lebte, Leute von großer Länge: Riesen! Es seien unzählig viele, wie Heuschrecken. Da waren die Münder der Hebräer schon wieder trocken, die Gedanken kehrten zurück in die gewohnte Bahn, wo man sicher ist: Große Ziele werden niemals Wirklichkeit.

Der Erzähler freilich schloss sich dem nicht an, sondern kommentiert: Die Warnung der Kundschafter sei ein Gerücht, nur ausgedacht, mochte es sich auch als Augenzeugenbericht tarnen. Die Kundschafter also logen eine traumhafte Realität in einen Schrecken um. In Wahrheit aber waren Sehnsucht und Hoffnung der Pilger realistisch. Was sie angezogen hatte, war in der Tat ein Land, in dem man prächtig leben kann. Nun aber glaubten sie nicht Gottes Freundlichkeit, sondern dem Gerücht. Der Traum erschien zu groß, als dass die Füße ihn berühren könnten. Oder anders gesagt: Man machte sich klein. Nur deswegen wirkten die anderen wie Riesen. Sie brauchten doch nur durch den Fluss hindurch um anzukommen! Stattdessen logen sich die Skeptiker, Vorsichtigen und angeblichen Realisten das alte Leben schön: »Wir denken an die Fische, die wir in Ägypten umsonst aßen, und an die Kürbisse, die Melonen, den Lauch, die Zwiebeln und den Knoblauch.« (Numeri 11, 5)

Die Szenerie erinnert an einen Auftritt: Die Sehnsuchtsvollen stehen hinter dem Vorhang. Nur einen Augenblick noch, dann erwartet sie ein Saal mit erwartungsfrohen Gesichtern, die sie feiern wollen. Das Publikum denkt: Sie haben es sich nun aber wirklich verdient. Vorhang auf! Die Bühne aber ist leer, weil die beinahe Angekommenen vor dem Überschwang des Lebens durch den Hinterausgang geflohen sind.

Man kann dieses Phänomen auch bei Komplimenten oder Lobreden bemerken: Kaum sind die ersten Worte gesprochen, fällt der Belobigte dem Schenkenden ins Wort: »Aber bitte – nein! Das ist doch nun wirklich nicht nötig.« Dabei wollte endlich einmal jemand sagen, was offensichtlich ist, viele aber kurioserweise nicht leicht ertragen können: Dass sie geliebt sind. Erstaunlich jedenfalls, wie oft Menschen damit beschäftigt sind, allen möglichen Lobrednern das Wort abzuschneiden. Sie wollen das Schöne nicht sehen, das andere in ihnen erkennen. Dabei will das Land einen längst empfangen, in dem man in seiner ganzen Größe leben darf. Stattdessen wird das Gewohnte und Bekannte, das oft knechtet, mit schier unmenschlicher Anstrengung verteidigt. Die Angst vor dem Unbekannten wird sogar gepflegt, indem man sagt: »Dort drüben warten Menschen in festen Städten, die sich prächtig eingerichtet haben. Diesen Riesen wird es nicht gefallen, dass wir kommen, um unsere Träume zu leben.«

Vor Jahren planten Freunde des Erzählens ein Kulturereignis in der kleinsten Kommune jenes Landkreises, in dem ich wohne. Wir freuten uns auf die Premiere, waren über Wochen in diesen feinen und doch auch großzügig angelegten Traum hinein gewandert. Nur ein Fluss trennte uns gleichsam noch von diesem Gelobten Land – und wir saßen in der Tat oft auf dem Balkon mit Blick auf den Main zu unsern Füßen, die Weinberge vor Augen. Mit einem Mal aber tauchte ein riesiges, wenngleich unsichtbares Ungeheuer auf. Es trug den Namen Panik. Im Gefolge: eine ungeheure Zahl von Riesen. Das fröhlich Ausgemalte, von dem uns nur noch wenige Tage trennten, war riesengroß geworden und schien gefährlich. »Dürfen wir das denn?«, hieß es. Kann eine unbekannte, sich provisorisch gefundene Gruppe von Bürgern öffentlich zu einer Lesung mit Musik und Wein einladen? Die Antwort: »Riesen werden uns fressen! Wir haben keine Statuten, sind auch kein Verein. Die Polizei wird uns vertreiben! Und dann sind wir, wer weiß, am Ende auch noch vorbestraft.« Woher kamen plötzlich all die Einwände? Vermutlich bestand die größte Angst darin, dass man uns im Ziel jubelnd empfangen würde. Das schien dann doch zu schön zu sein. Nein, da waren wir wohl lieber klein: Schuster, bleib bei deinen Leisten, Bürger, bleib in deiner Wohnung.

Schon hatte das Ungeheuer den ersten Erzählfreund vom Fluss weggetrieben, da verließen auch die übrigen hektisch den Balkon. Dabei – das war kurios – hatten wir uns die Gefahr nur zusammengelogen. Denn wir waren mit unserem Traum längst im Gelobten Land angekommen. Nur hatten wir es nicht wahrhaben wollen. Auch in der kleinsten Kommune des Landkreises, in dem wir das Geschichten- und Weinereignis planten, herrscht das verfasste Recht auf

Versammlungsfreiheit. So schön kann die Wirklichkeit sein. Wunderbar war sie dann auch, als wir es schließlich doch noch wagten, nicht dem hausgemachten Gerücht, sondern der Realität Glauben zu schenken.

So ist das mit dem Ankommen: Viele Schritte ist man gegangen. Und nun, da der nächste das Glück verheißt, stoppt man ab und erfindet bedenkliche Dinge. Da werden Träumer zu Meistern im Sorgenerfinden. Und niemand traut sich noch etwas zu. Und Gott? Er wollte das von ihm in die Freiheit gesandte Volk nicht ins Glück zwingen. Er musste dessen Abwehr akzeptieren. Sie bräuchten nicht hinein, sagte er. Aber die Kinder, die die Eltern vor den Riesen schützen wollten, sollten eines Tages das ersehnte Land kennenlernen. Zurück in die Winzigkeit, in die Sklaverei Ägyptens, brachte Gott das Pilgervolk allerdings nicht. So wanderten sie weiter, 38 Jahre lang.

War damit der gesamte Weg umsonst? Die Kinder würden später, wenn sie nicht mehr Kinder waren, die Geborgenheit betreten. Die Eltern freilich gingen bis zu ihrem Tod im Zwischenland umher. So ist das eben: Man nähert sich dem Großen oft nur Schritt für Schritt – und immer scheint da eine Grenze zu bleiben. Das Paradies erläuft man sich nicht von heute auf morgen, auch nicht in zwei Jahren. Dafür aber wurde ein Volk von Träumern, das den entscheidenden Schritt nicht gehen konnte, in den kommenden 38 Wüstenjahren zu glänzenden Erzählern. Es wird der Anfang der Bibel gewesen sein. Denn der Auszug aus Ägypten, die Wüstenwanderung und die Gottesbegegnung am Berg Sinai – das ist der Urimpuls, auf den sich das jüdische Volk bis heute beruft. Was sie auf ihrer Lebenswanderung erlebten, erzählten sie weiter. So gaben sie ihrem Traum ein Denkmal, das nicht schweigt, sondern lebendig ist, weil es sich bis heute immer neu erzählen lässt. Und trotzdem war das enttäuschend! Sie hatten an der Grenze zum Traumland gestanden – und wichen zurück.

Und Mose? Er, heißt es, zweifelte ebenfalls an Gottes Kraft. Also würde auch er das Ziel nicht erreichen. Trotzdem ging es immer weiter. Irgendwann wird er freilich kaum noch einen Sinn gesehen haben, weiter durch die Wüste zu wandern. Täglich Manna im Mund, 40 Jahre lang. Der Geschichten von Milch und Honig war er müde geworden. Die Zähne taten weh, ohne die paradiesische Süße je genossen zu haben. Vielleicht hatte Mose schon keine Zähne mehr und musste das Manna im Mund zu Brei zergehen lassen? Manchmal dachte er an Midian zurück, wo er seine Frau kennengelernt hatte: Was wäre passiert, wenn er den brennenden Dornbusch übersehen hätte? Ja – wären die Schafe damals nicht zum Dornbusch gerannt, hätte er sich viel ersparen können, sich bestimmt auch etwas angespart. Ein neues Sofa ist ja auch nicht schlecht, in der Wüste hatten sie noch nicht einmal ein altes. Und seine grenzenlose Sehnsucht nach Geborgenheit, die ihn in Bewegung gesetzt hatte? Vielleicht hätte sich das mit dem Heimischwerden in Midian von selbst ergeben. Reihum hätte man sich auf die Sofas in der Nachbarschaft gesetzt. Stattdessen hatte er mit dem Stab Gottes eine Diktatur weggezaubert, an deren Stelle jahrzehntelanges Pilgern getreten war.

Inzwischen lagen in der Wüste viele von denen begraben, die mit Mose zusammen aufgebrochen waren. Er lebte noch und wusste doch – es würde nicht mehr lange sein. Eine große, seine letzte Frage aber hatte ihn bis jetzt begleitet: Ob Gottes feuriges Versprechen vom Gelobten Land, das ihn vor mehr als vierzig Jahren entzündet hatte, reine Illusion gewesen sei, ein Fantasiegebilde ohne Bezug zur Erde, auf die er unablässig trat? Da erbarmte sich Gott: »Geh auf das Gebirge Abarim, auf den Berg Nebo, der da liegt im Lande Moab gegenüber Jericho, und schaue das Land Kanaan, das ich den Israeliten zum Eigentum geben werde. Dann stirb auf dem Berge.« (Deuteronomium 32, 49.50)

Mose kletterte – er konnte es immer noch! Und er überlegte: Vielleicht war das ständige Wandern doch sinnvoller gewesen als eine lebenslange Existenz als Sitzgruppenteilnehmer? An seine nach und nach im Wüstensand gelassenen Zähne wollte er nicht denken. Die Augen waren noch scharf, heißt es in der Bibel. Und seine Körperkraft nicht verfallen, was auch daran lag, dass er niemals von der Sehnsucht lassen konnte. Als er neununddreißig Jahre zuvor den Sinai bestiegen hatte, konnte er nichts erkennen. Diesmal, auf dem Abarim-Massiv, verstellte nicht eine Wolke seinen Blick. Und Mose sah das Panorama seiner Sehnsucht, sein inneres Feuer, alles das, was ihn im Leben angetrieben hatte. Scharf lag es vor seinen Augen. Das war kein Opium für Mose, es war mehr als nur ein Traum, sondern beides: Sehnsucht und Wirklichkeit in einem – soweit die Augen sehen konnten. Ein lebenslanger Wanderer, ein Träumer, stand auf dem Berg und mit beiden Beinen in der Wirklichkeit.

Zu Mose können sich alle stellen, die schon einmal aufgebrochen sind, weil sie glauben: In der Ferne gibt es etwas, das mich wundervoll erwartet. All jene, die losgehen, weil sie sich verwandeln wollen. Die glauben, dass nicht alles bleiben muss, wie es schon immer war, sondern auf das Schöne hoffen. Die sich manchmal schwach fühlen, aber dagegen wehren, klein gemacht zu werden. Sie alle heißen Mose, der mit dem Sehen an kein Ende kommen will. Sie betrachten ihre Wünsche als Wirklichkeit, sehen über die Grenze hinaus und beginnen über alle Grenzen zu schlagen. Das war ein Rausch für Mose, der die letzten Meter eines langen Weges beschreiten wollte. Es wartete das Wunderland, das Gott für die Pilger bereitet hatte.

Und es geschah, dass ihm das Geschaute trotz seiner scharfen Augen verschwamm. Er sah auf sein Hoffnungsland, dann darüber hinaus zum Horizont und tief in sich hinein. Und alles mündete in eine letzte große Überblendung. »Nie werde ich das Land betreten«, erkannte Mose. Und sah, dass er längst dort gewesen war: Im Höhenrausch, beim Rasten, im Quellgebiet und als er das unvergängliche Feuer sah. Sie hatten die Fesseln abgeworfen, ihre Freude aus sich herausgeschrien. Und nach dem Stab gegriffen und ihn nicht mehr losgelassen. Das alles war auf dem Weg geschehen, immer dann, wenn sie erfahren hatten: Der Himmel begleitet uns.

Andere jedoch sagten: Ist Mose nicht gescheitert, da er das eigentliche Ziel niemals unter seine Füße bekam? Das Wort *Scheitern* hatten freilich nur die erfunden, die in ihrem Leben noch niemals losgezogen waren, auf keinem Hügel standen, nicht nach oben oder in den Himmel schauten – und weder Höhepunkt noch Aus- und Fernsicht kennen. Sie können nicht scheitern, weil sie ein Leben führen, das ohne jeden Wunsch auskommt. Mose aber hatte an das große Ziel geglaubt. Er sah es jetzt als Wirklichkeit. Seine Füße standen auf dem Berg, von dem aus er es schaute. Nie würde Mose es betreten, und doch war er so oft dort gewesen – er, ein Wanderer, sonst nichts. Gerade das war es gewesen, was ihn das fantastische Panorama der Ankunft jetzt betreten ließ. Viele hatten seine Träume ausgelacht. Gott hingegen hatte Ja gesagt. Mose stimmte in diesem Augenblick beidem zu. Das war der letzte Schritt. Und endlich war er angekommen.

Der Herr
segne
deinen letzten Schritt,
das Ende und
die Ankunft,
deine Freude
und Erleichterung.
Er zeige sich als Überraschung
und schenke dir das Staunen.